滋賀怪談
近江奇譚

旭堂南湖

JN053126

竹書房
怪談
文庫

はじめに

滋賀県――旧国名は近江《おうみ》。江州《ごうしゅう》ともいいました。

滋賀は京の都に近く、交通の要所でもあり、歴史の舞台にたびたび登場します。

戦国武将は滋賀を愛しました。織田信長、豊臣秀吉、徳川家康、浅井長政、明智光秀、石田三成、等々。

激しい合戦も行われました。賤ヶ岳《しずがたけ》の合戦、姉川の合戦では、血は流れ大河となり、死骸は積んで山となったそうです。史跡も多く残っています。

国宝・国指定重要文化財の指定件数は全国四位です。一位東京、二位京都、三位奈良、四位が滋賀なのです。

寺社の数は、人口割では滋賀が全国一位です。貴重な仏像も豊富にあります。

これだけの歴史があるから、心霊スポットと呼ばれる曰く付きの場所も数多く存在します。

しかし、怖い恐ろしい場所だけではありません。魅力もたくさんあります。

本書は怪談本ではありますが、まずは滋賀の魅力をご紹介しましょう。

滋賀の中心にあるのが日本一の湖、琵琶湖です。

私、旭堂南湖は講談師を生業としております。芸名は琵琶湖から取られています。亡き師匠・三代目旭堂南陵の命名で、南陵から「南」の一字を頂き、滋賀県出身ですから琵琶湖の「湖」と取って「南湖」。「琵琶湖のように日本一になれよ」という思いが込められています。

自然豊かで景色も美しい。歌川広重の描いた浮世絵『近江八景』が有名ですね。比良の暮雪、堅田の落雁、唐崎の夜雨、三井の晩鐘、粟津の晴嵐、矢橋の帰帆、瀬田の夕照、石山の秋月など、数え上げるだけでもこれだけ出てきます。

食べ物も美味しい。

近江牛に、鮎《あゆ》、鮒《ふな》ずし、近江しゃも、日野菜《ひのな》、水口かんぴょう、赤こんにゃく、近江ちゃんぽん、サラダパン、クラブハリエのバームクーヘン、うばがもち――。

風光明媚で住みやすく、滋賀県民は長生きです。
厚生労働省が五年ごとに「都道府県別生命表」を公表しています。令和二年の調査によると、日本一の長寿は滋賀県です。男性の平均寿命が全国一位で、八二・七三歳。女性は全国二位で、八八・二六歳——。

そんな滋賀に住む方や滋賀に縁のある方に、実際に体験した話を伺いました。
怪談あり、奇譚あり。
最後までごゆっくりお付き合い下さい。

願わくは滋賀県民の寿命が縮まりませんように。

目次

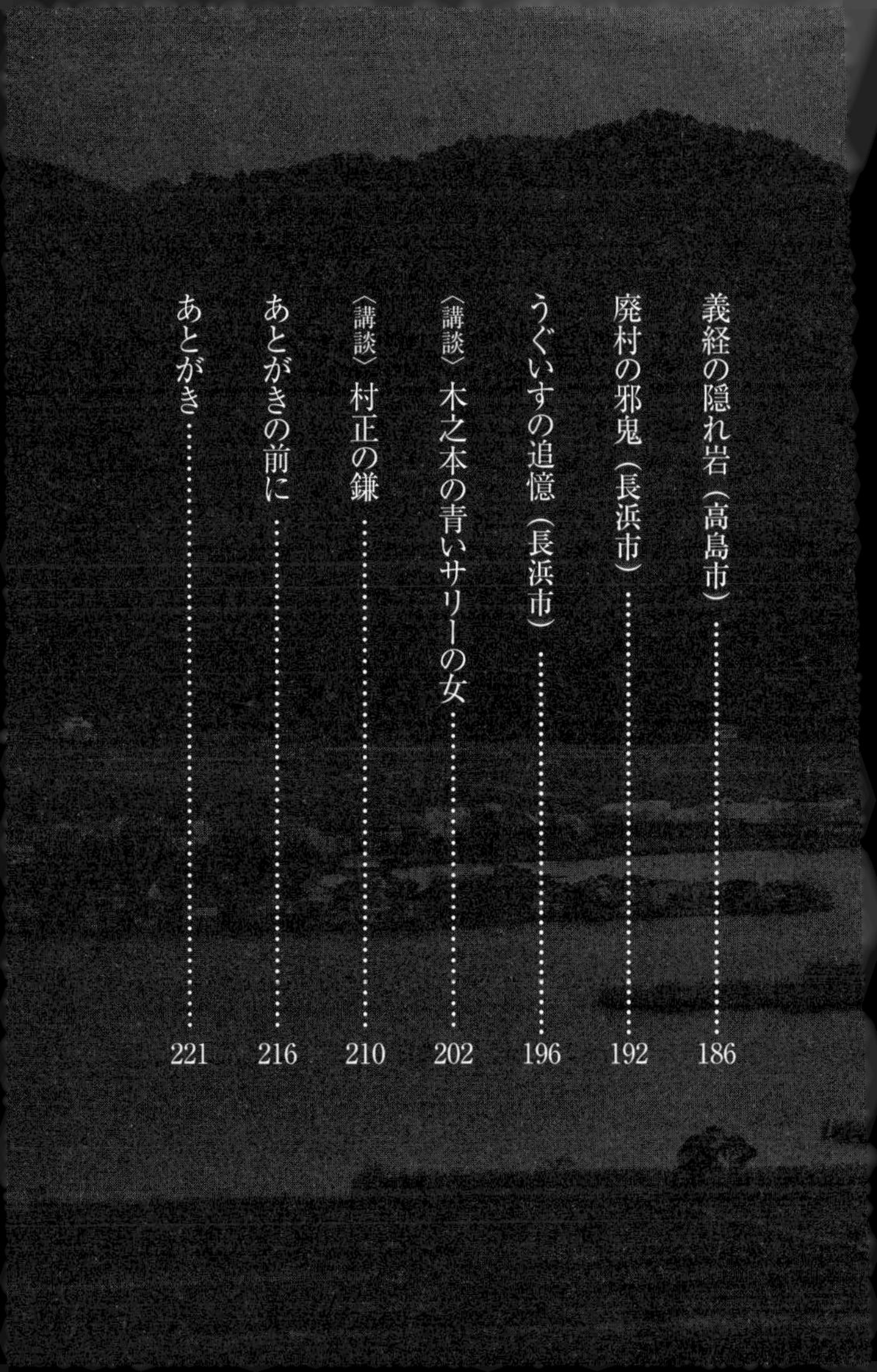

湖北エリア：豊臣秀吉が築いた長浜城や賤ヶ岳の古戦場、姉川古戦場など歴史名所が今も残る。日本百名山の伊吹山を有し、パワースポットとしても有名な竹生島がある。観音坂トンネル、土倉鉱山跡などの心霊スポットも。

湖東エリア：国宝・彦根城。「お多賀さん」の多賀大社。信長が築いた安土城。城下町の近江八幡は近江商人の故郷。有名な「新開《シガイ》の森」もここに。

湖南エリア：草津宿本陣が現在も残る。俵藤太が大ムカデを退治した三上山は、近江富士と呼ばれる。東海道五十三次の水口、土山の宿場町がある。甲賀忍者の里や狸の焼き物で有名な信楽も。多羅尾処刑場跡、三雲トンネル、琵琶湖大橋、青土ダムなどの有名スポットも多い。

湖西エリア：比良山地に雄大な琵琶湖。琵琶湖に浮かぶ朱塗りの大鳥居、白鬚神社。
落ち武者の霊が目撃される義経の隠れ岩はこのエリアに。

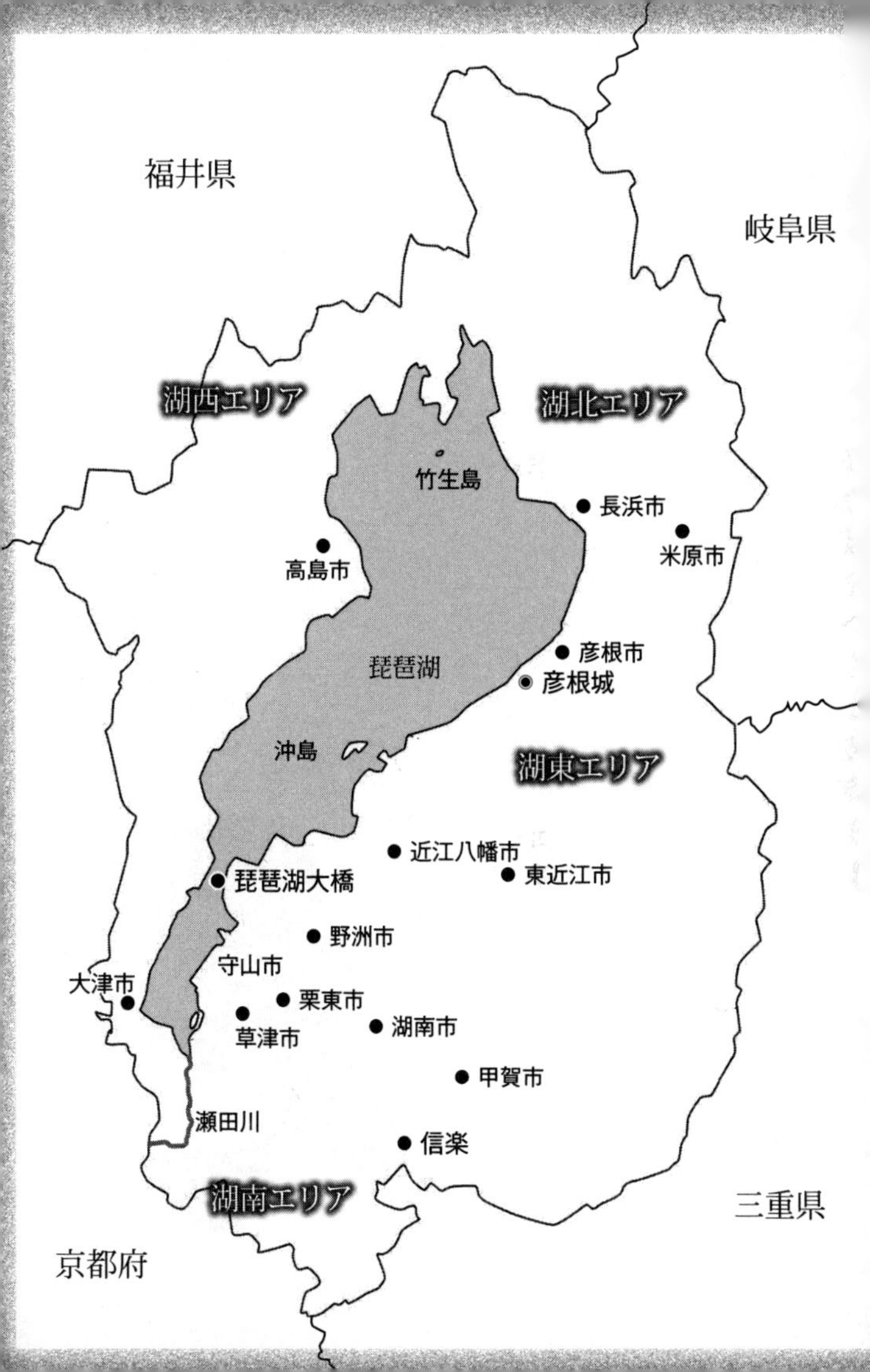

福井県
岐阜県
湖西エリア
湖北エリア
竹生島
長浜市
米原市
高島市
彦根市
琵琶湖
彦根城
沖島
湖東エリア
近江八幡市
東近江市
琵琶湖大橋
野洲市
守山市
大津市
栗東市
草津市
湖南市
甲賀市
瀬田川
信楽
湖南エリア
三重県
京都府

耳によみがえる音（甲賀市）

令和の現代では、人は死ぬと火葬場で焼かれる。しかし甲賀市では、現在でもごくわずかだが土葬の風習が残っている。これは非常に珍しいことだ。

九十歳になるOさんは、祖先はもとより、祖父母や両親も土葬だった。本人も土葬を希望しているが、息子さんや娘さんは火葬にしたいと言っている。土葬は火葬に比べて労力がかかって大変なのだ。棺桶を埋めるために土を掘らなければいけないが、これが重労働。しかも土を掘ると遥か昔に土葬された骨が出てくるので、場所を探すのも大変。そして棺桶は火葬の時に使う寝棺ではなく、座棺である。亡骸《なきがら》は座棺の中に胡坐《あぐら》で合掌をさせるのだ。

Oさんはこどもの頃の葬式の記憶を話してくれた。

野辺の送りの時。田んぼの畦道《あぜみち》を大勢の人が皆、黒い服を着て歩いている。賑やかそうに感じたのは、大人に混じって大勢のこどもも歩いていたからだ。こどもたちは後でお菓子が貰えるから一緒についていく。

青空には大きな入道雲があって、カラスが十数羽、ギュエェーギュエェーと奇妙な鳴き声を上げながら飛んでいる。

ぼんやり葬列を眺めるOさんのねき（隣）に、いつの間にか白い着物のお爺さんが立っていた。

Oさんがお爺さんの顔を見上げて訊いた。

「誰のそうれん（葬式）やろ」

「わしじゃ」

お爺さんが行列に向かって歩いていき、Oさんはその場に尻もちをついた。

また、こんな記憶も話してくれた。

Oさんの祖父が亡くなった時のこと。当時としては珍しかったのだが、祖父は身長も高いうえにたいそう太っていた。座棺は大きさが決まっていて、昔ながらの小柄な日本人なら納まるが、大柄な祖父の体が入らない。そのうえ死後硬直も起こっている。

親類のおじさんが、

「おっさん（和尚）が来て念仏を唱えたら、体がタコみたいに柔らかくなる」

というので待っていると、和尚がやってきて念仏を唱えて祖父を座棺に入れようとする。しかし、ガチガチに固まった大きな体はどうにもならなかった。

「しゃあないな」

親類のおじさんが、力任せに関節を折り始めた。

ボキッ、ボギイイ、ボォギイ――

無理やり祖父の体を折っていると、突然、祖父の口から、

「グゲェ、グゲェ」

蛙《かえる》が鳴くような声が漏れた。

Oさんはびっくりしてその場に尻もちをつき、小便を漏らした。

「この子は何をしてんねんなあ」

母親に怒られた。仏間を出て、箪笥《たんす》から下着を出して着替えて戻ると、祖父はまだ棺桶に入っていない。

ボゲッ、ギュギィイ、ボォギイイ――

関節を折る音が響くなか、

「こどもがいつまで起きてんねん。はよ寝え」

と母親に叱られて自室へ戻り、真っ暗ななか布団に入る。

ボキィ、ボギィイエ、ボボボォギィイ――

関節を無理やり折る音がずっと聞こえてくる。

それからは布団に入って目を閉じると、どういうわけか頭の中で、あの音が聞こえるようになってしまった。

ボゲッ、ギュギィイ、ボォギイイ――

ボキィ、ボギィイエ、ボボボォギィイ――


Oさんは言っている。

「八十年近く経った今でも、時折、あの音が聞こえる」


後日、息子さんからOさんが亡くなったと知らせが届いた。

朝の散歩中、交通事故に遭ったそうだ。轢《ひ》き逃げだった。

一台の車にはねられ道路に倒れたところ、後続車がOさんの体を轢いた。最初にはねた車はそのまま逃走して行方が知れない。

息子さんが現場へ駆けつけ、大量に血を流して倒れている父親を見た時、「ああ、これはダメだ」と悟った。

Oさんの体は四肢の関節が折れていて、すでに息絶えているのが見て取れた。

息子さんの頭の中には、妙な音が鳴り響いた。


ボゲッ、ギュギィイ、ボォギイイ――

ボキィ、ボギィイエ、ボボボォギィイ――


あ、父さんが言っていたのはこの音か。

息子さんは妙に納得したという。結局、Oさんは火葬にされたそうだ。

甲南のずにんこ（甲賀市）

滋賀といえば琵琶湖である。

他県に住んでいる方の中には、琵琶湖の面積は滋賀の半分と思っている人もいるというが、実際はそうではなく六分の一の大きさだ。

琵琶湖が誕生したのは約四百万年前。その頃は現在の位置ではなく、三重県伊賀あたりにあった。これは古琵琶湖と言われる。三百万年前には甲賀あたりに移動し、二百六十万年前には蒲生あたりへ移動。さらに時代が進んで一度は湖が消滅した。百万年前になって、大津市の堅田あたりに小さな湖ができ、現在の琵琶湖のようになったのは約四十三万年前と言われている。

甲南（滋賀南部）では地面を掘ると粘土層の塊が出てくる。これは古琵琶湖の名残だ。この粘土層が稲作に最適で、おいしい近江米ができる。

粘土の塊を地元では「ずにんこ」あるいは「ずりんこ」と呼んでいる。

こどもたちが遊びでアスファルトの道路に絵を描く時に、ずにんこを使う。手頃な大きさのものを拾ってきてスーッと道路の上を走らせると、きれいな灰色の線が描けるのだ。

消す時は靴の裏でパンパンパンと道路を叩くと、粉が飛んで線は消える。靴の裏で叩かなくても二、三日は残っているが、車のタイヤで踏まれたり、雨が降ったりして、いつの間にか消えている。


甲南に住む二十代の男性、S君が小学生の頃の話。

学校から帰ってきたS君は、ランドセルを家に置くと、自転車に飛び乗って友だちの家に出かけた。M君が新しいゲームソフトを買ったので、家に遊びに行くのだ。

前に一度、遊びに行ったことがある。確かこのあたりだ。

自転車で行ったりきたりしている内に、M君の家が見えた。道路の突き当たりだ。家の裏手には高い崖があり粘土層が見えている。

前の道路にしゃがみこんで、一心に絵を描いているこどもがいる。半ズボンの男の子で、五歳ぐらいか。ずにんこでひたすら○を描いている。きれいな○ではないが、小さい○、大きな○、豆粒のような小さな○がたくさん描かれている。スイカのような○があり、その中に点が三つ——点が三つあるだけで人間の顔に見える。

「何描いてんの」

S君は声をかけたが返事はない。男の子は黙って描いている。

「ふーん。顔かなあ」

そう言い残し、その場を離れた。玄関の前で、「M君、あーそぼー」と大きな声で叫ぶと、「いいよ」と二階から声。

「おじゃましまーす」とドアを開けて中に入る。二階へ上がって、早速M君とゲームをしていると、クラスメイトの山﨑君とJ君もやってきた。

二時間ほど、四人でゲームをしていたが、山﨑君が、「そろそろ晩ごはんやから」と言い出したので三人は帰ることにした。外へ出るときれいな夕焼けだった。

「あの子、まだ描いているわ」

S君は呟《つぶや》いた。

こどもが五十メートルほど向こうにしゃがみこんで、ずにんこで絵を描いている。

その間の道路には、ずにんこで描かれた大量の○が、隙間なくびっしりと埋め尽くされている。

あれからずっと描いていたのかと驚いた。

「バイバイー」

山﨑君とJ君は、道路の落書きに興味はないようで、自転車に乗るとすぐに帰っていった。

S君は立ち止まって○を一つ一つ、じっくり見た。

たくさんの顔か目玉か蛙の卵か——なんだかわからないが、こどもの描く○の絵に惹き込まれた。

ふいにこどもが立ち上がった。手には道路から引き上げたように、何かを掴んでいる。

ヒョイッと腕を振り上げた。

「え？」

たくさんの○が、まるで透明な絨毯に描かれていたかのように空中へフワッと浮き上がったのだ。○の絵は空飛ぶ絨毯のように、立っているこどもの目の前をゆっくりと揺れている。

こどもが絵の下に体を入れた。同時にパッと姿が消えた。

唖然としているS君に向かって、○の絵はフワリフワリと波打ちながら降下してくる
そして、S君の足元の地面に降りた。

「なんだ？　何が起こったんだ」

S君は目の前の道路に移動してきた○の絵を踏みながら、こどもがいたところまで走った。こどもはもういない。

あの子がやったように、道路に描かれた絵を持ち上げようとしたが、そんなことはできるはずがない。指先で道路をこすったから、皮膚が破れて血がにじむ。

痛い。あの子は一体何を持ち上げたのだ。絵の端を触ってもただの道路だ。ずにんこで描いた線だ。めくれない。

車のクラクションで我に返った。

あたりは暗くなっていて、慌てて家に向かって走り出した。

翌日、学校でM君に昨日の話をした。しかしM君は、そんな年頃のこどもは近所にいないという。

「絵は今朝も残っていたけど、ずにんこで描いた、ただの落書きやで」

そう言われても、S君はなんだか納得できなかった。

家に帰ってから、ずにんこを拾ってきて、自宅前の道路に○の絵を描いてみた。一週間描き続けたが、どうやってもあの時のこどもがやったように、絵が持ち上がることはなかった。


時が流れ、S君は高校三年生になった。

三学期のある日、登校すると、教室では山﨑君の噂で持ちきりだった。

隣のクラスの山﨑君が行方不明になったのだ。

山﨑君とは高校に入ってからはクラスも別になり、昔のように遊ぶことはなくなった。それでも学校で会えば話はする。

家出をしたのか、あるいは事件に巻き込まれたのか、書き置きもなく、いなくなって三日経つという。

その日の学校の帰り道。自転車を漕いでいると、牡丹雪がチラチラ降り始めた。早く家に帰ろうと、スピードを上げるために立ち漕ぎしていると、道路に描かれた奇妙な○の絵を見つけた。

なんだ？　絵の上を走り去ってから思い出した。

「あの絵だ」

Uターンして絵の近くで自転車を停めて降りた。

小さい○、大きな○、○の中に点が三つ——間違いない。小学生の時に見た、ずにんこの絵。見知らぬこどもが絨毯のように持ち上げたあの絵だ。

何日か前に描かれたのだろうか、線が薄くなっている。手袋をはめた手で絵の端を触る。ザラリとしたアスファルトの感触。絵がめくれるはずもない。雪が積もれば、線も消えるだろう。

立ち上がって気が付いた。山崎君の家はすぐ側だ。

「もう二度と山崎君には会えない気がする」

S君はなぜか強くそう思ったそうだ。

家出をしたのか、事件に巻き込まれたのか、それとも絵の下に消えたのか——。

現在も山崎君の行方はわからないという。

信楽の狸（甲賀市）

信楽といえば狸。信楽高原鐵道《てつどう》の信楽駅前には巨大な狸の置物がある。高さが五・三メートルで大きな金玉がぶら下がっている。その大きさだけでもこどもの背丈ほどあり、大福帳の代わりに公衆電話が設置されている。

米原《まいばら》に住むRさん夫婦は共に四十代前半。数年前、二人が信楽へ遊びに行った時のことだ。

奥さんがおどけて「大きい」と、駅前の巨大狸の金玉をゴシゴシ撫でた。それを見たRさんは声を出して笑った。

のどかな風景が広がっている。二人で町中を歩いていると、あちこちで見かける狸の置物は、それぞれユーモラスな格好をしている。

目の前を、ランドセルを背負った学校帰りの小学生が通った。黄色の通学帽を被り、青いTシャツ――胸の真ん中に数字の「51」が大きくプリントされている。

「こんにちは」

夫婦の顔を見て挨拶をした。

「こんにちは」

Rさん夫婦も挨拶を返す。

その後ろから、ランドセルを背負った小学生がまたやってくる。

黄色の通学帽に「51」とプリントされた青いTシャツを着ている――。

「こんにちは」

「こんにちは」

と挨拶を返して、通り過ぎた後ろ姿を見ながら奥さんが、

「あの子、さっき通ったよね」

「うん、通った」

二人して首を傾《かし》げていると、その後ろから二人の男女が歩いてくる。

見ると、Rさん夫婦そっくりだ。顔貌、服装、持っている鞄《かばん》、すべてが自分たちと瓜

二つだった。唖然《あぜん》としていると、こちらへ向かって歩いてきたもう一人のRさんが、鞄から財布を取り出した。財布までRさんの物と同じだ。財布の中から千円札を取って、

「美味しいもん食べて」

とRさんの手に握らせた。

「エッ、いやいやいや。こんなもの貰うわけには……」

口をモゴモゴさせているうちに、夫婦は颯爽と歩いていった。

二人は立ち尽くしている。手を見ると、千円札が一枚。きれいな新札だ。どうしたものかと思いながらも、ただ手に持っているわけにいかず、とりあえず財布に収めた。夫婦は口数が少なくなる。

とりあえずどこか店に入って、お茶でも飲もう。喫茶店でコーヒーを飲みながら話をするうちに結論が出た。

「狸に化かされたんだろう」

もらった新札もそのうちに葉っぱに変わるんじゃないかと思い、コーヒー代は自分たちのお金で支払った。

それからまた町を歩き、信楽焼の器に絵付けをしたり、狸の置物を買ったりして、信

楽駅に戻ってきた。

「信楽焼の狸の金玉が大きいのは、金運がありますようにってことなんです」

絵付けをしている時に教えてもらった奥さんは、駅前の巨大狸の金玉を再びゴシゴシと撫でた。


米原の自宅に帰ってきて数ヶ月後、奥さんの妊娠がわかった。結婚して八年、ようやく待ち望んだ妊娠で夫婦は喜んだ。狸の金玉は子宝成就だったのかもしれないと思った。

あの千円札は今でも大事にしまっているという。

小学生のこどもやそっくりだった夫婦のことはよくわからないままだが、千円札は葉っぱには変わっていないそうだ。

飛び出し坊や奇譚（滋賀全域）

滋賀県内の道路でよく見かけるのが「飛び出し坊や」という名称で親しまれる、赤い長袖に黄色い長ズボン、黒い靴、黒目の大きな男の子である。今にも道路脇から飛び出そうとしている姿は、交通事故防止の看板だ。

今から半世紀ほど前、交通事故が非常に多く、昭和四十五〜四十七年は三年連続で交通事故の死亡者数が全国で約一万六千人となった。

それを受けて、昭和四十八年に社会福祉協議会が、「交通安全の啓発看板を作りたい。こどもたちの命を守りたい」と、東近江市で看板製作作業を営む久田さんに相談をしたのが始まりで、久田さんはこどものイラストを描いた看板を製作し、道路脇へ設置した。飛び出し坊やの誕生だ。

昭和四十八年生まれは旭堂南湖と同級生である。

この運動が滋賀県内に広がり、やがて県外にも。現在では日本全国津々浦々で「飛び出し坊や」に会うことができる。発祥地の滋賀県が設置数日本一であるとも言われている。

八日市《ようかいち》に住む三十代の男性、Bさんに聞いた話。

Bさんが小学生の頃、行きは集団登校で、帰りはクラスの友だちと一緒に帰っていた。

その日は五人の友だちとかけっこをしながら帰っていたのだが、K君が、

「地蔵堂まで、よーいどん」

と言うなり、いきなり駆け出した。

「K。ずるいぞ」

Bさんは後を追いかける。地蔵堂まで百メートルぐらいだし、走りはクラスでも速い方だ。K君を抜けるだろうと思った。

地蔵堂は信号のない四つ角に建っていて、土地のギリギリまで建物が建っているから、見通しが悪い。地蔵堂の手前でK君がバテたようで速度が落ちてきた。

Bさんは勢いよく抜き去った。もうすぐゴールだ。

地蔵堂の脇に、飛び出し坊やが立っている。チラッと目があった。

その瞬間、飛び出し坊やがニタ―ッと笑った。

「エッ」

両手を上げてゴールテープを切るような真似をして、四つ角へ飛び込んだ途端――。

ドンッ。

体に衝撃を受けた。それからしばらくは記憶がない。

後で友だちに聞いたところでは、四つ角の右手から走ってきた軽トラックにはねられて、Bさんの体は宙を飛んだそうだ。

その後、病院に連れていかれたが、左手首が捻挫《ねんざ》していたぐらいで、奇跡的にも軽傷で済んだ。

翌日、登校時に地蔵堂の飛び出し坊やを見た。

表情はいつもの通りで笑ってはいない。

でも、昨日は確かにBさんを見てニタ―ッと笑った。それは、これから事故に遭うBさんをあざ笑うかのような嫌な表情だった。

Bさんは飛び出し坊やの看板を蹴った。

これは東近江市の五個荘《ごかしょう》に住む四十代の看護師の女性、Hさんに聞いた話。

Hさんの愛車は黄色の軽自動車。通勤、買い物、遊びに出かけるのも、いつも車で行く。

秋の休日。同居の母を車に乗せて、永源寺へ紅葉狩りに出かけた。色づき始めたばかりで、木々のグラデーションが誠に美しい。最近、外出を億劫がる母も、

「ええなあ、ええなあ。来てよかった」

と大層喜んでくれた。

誘ってよかった。永源寺ダムを見て、温泉に入り、帰宅する頃には、秋の釣瓶《つるべ》落としで、すっかり夜になっていた。

自宅に近づいた頃、車の前にいきなり女性が飛び込んできた。

バアーン!!

急ブレーキをかけたが間に合わなかった。ヘッドライトに照らされた恐怖に引きつる女性の顔が脳裏に焼き付いている。轢き殺したに違いない。

止まった車の中で足がガクガク震えた。助手席では母親も声を失くして固まっている。

Hさんは車から降りると確認のため前方にまわった。

しかし、そこに轢いたと思われた女性の姿はなく、なぜか飛び出し坊やの看板が落ち

ていた。それも全身ではなく頭部だけで、胴体や手足はない。そしてその顔面も、タイヤに踏まれて割れている。

Hさんは、道路にへたばった。動悸が止まらない。道路脇を見るとフェンスがあり、木製の支柱が針金で頑丈にくくりつけられている。

おそらく、ここに「飛び出し坊や」が固定されていたはずだ。

どういう拍子で外れたのか——経年劣化か風に飛ばされたのか。胴体や手足はどこへ行ったのだ？

ようやく立ち上がり、車内の助手席の母を見ると、真っ青な顔でブルブル震えている。

Hさんは飛び出し坊やの頭部を持ち上げて見せ、

「女の人じゃなかった。安心して」

と窓を開けた母に言った。

飛び出し坊やの頭は家で処分しようと思い、後ろのトランクへと放り込んだ。

家に帰って落ち着いた頃、母がぽつりと言い出した。

「車の前に現れたのは——私だった」

母親は、自分と瓜二つの女性が車の前に飛び出してきて、それをHさんが車で轢いたと言うのだ。轢き殺される自分の顔を見て怖くて震えていた、と——。

しかしHさんは別のことを思っていた。

ヘッドライトに照らされた恐怖に引きつる女性の顔は、母ではなかった。間違いない、あれは自分の顔だった、と。

一週間後、飛び出し坊やの頭を入れっぱなしにしていたのを思い出して、トランクを開けた。頭はどこにもなかったそうだ。

長浜《ながはま》市に住む三十代の男性、Aさんに聞いた話。

Aさんが小学生の頃、公民館に近所の人が集まって、飛び出し坊やの看板を作っていた。Aさんも両親と一緒に行って、色塗りを手伝っていた。絵を描くのが好きだったので何枚も描いた。近所のおばちゃんが、

「A君は男前やから、自分の顔を描いたらええわ」

と言ったので、自画像を描いてみることにした。

自分が思う以上によく描けたようで、おばちゃんたちが集まって、「上手やわ〜」と褒《ほ》めてくれたから嬉しくなった。

イベントは盛況でザワザワした部屋にいるうちに、Aさんは眠たくなってしまった。ついうとうとして、ハッと気が付いたら、道路に立っていた。

場所はよく知っている。駄菓子屋の目の前だ。

（なんでこんなところに）

家に帰ろうと思ったが、体が動かない。手足を必死に動かそうとするが、動かない。目の前を車やバイク、自転車がどんどん通っていく。

（なんでや。体が動かん）

友だちが歩いてきた。駄菓子屋に行くのだろう。

「おーい。助けて。体が動かへんねん。おーい」

大きな声を出したつもりだったが聞こえていないようで、友だちはこちらを見ずに駄菓子屋に入っていく。

しばらく経って駄菓子屋から出てきた。手にはお菓子を持っている。

「おーい。おーい」

大きな声で叫んだ。
目の前にいるのに声が届かない。友だちはそのまま立ち去った。
(なんで気付かへんねん)
涙がこぼれた。
——と、目が覚めた。公民館の部屋の隅にいて、日が沈んで薄暗くなっている。
「よう寝てたなあ。さあ、帰るで」
母が声をかけてくれた。イベントは終了し、みんな家に帰っていくところだった。
家に帰る途中、駄菓子屋に立ち寄った。
店から出て気が付いた。
そこに設置されていたのは、自分の顔を描いた飛び出し坊やだった。

彦根《ひこね》市に住む八十代の男性、Yさんに聞いた話。
犬上《いぬかみ》郡には昭和の頃に廃村になった集落がいくつかある。Yさんはそういった集落で生まれ育ったが、三十歳の時に廃村が決まり、そこからそれほど遠くない土地へ集団で移住した。それからも年に何度かは、無人となった故郷の管理、清掃に行くという。

三十年ほど前のことだ。

清掃に訪れた折、村で飛び出し坊やを一体見かけた。神社の鳥居の前の道路に立てられていた。

誰もいない集落で、交通事故など起きやしない。不法投棄かと思ったが、道路脇にちゃんと設置されたかのように置かれている。

誰かのいたずらかと、そのままにしていたが、それから何年か経ったある時、飛び出し坊やは二体になり、やがて三体になった。

鳥居の前に不法投棄禁止の看板を置いたが、効果はなかった。

こんな奥のほうにまでわざわざ誰が持ってきているのかわからないが、今では十六体もあるそうだ。

「一人で掃除をしているとな、声が聞こえるんじゃ。坊やたちがお喋りをしておる。故郷にまた人が集まって暮らしているような。活気があった昔を思い出す」

Yさんはしみじみと話していた。

長浜市の虎姫地区に住む大学生、W君の話。

W君が高校三年生だったある冬の夜。受験勉強に打ち込んできたが、いよいよ明日は試験だ。

「今日は早めに寝よう」

ストーブを切ると部屋はすぐに寒くなる。急いで布団に潜り込むが、早く寝ようと思えば思うほど、緊張しているのか、なかなか寝付けない。

何度も寝返りを打っていた。

壁際にベッドがあって、いつもは壁を見るように、横向きになって寝ている。クルッと寝返りを打つと、部屋全体が薄明かりでぼんやりと見える。

反対側の部屋の壁からスーッと何かが現れた。

赤いスカートをはいた女の子、おかっぱ頭だ。正面を向いて、ベッドで寝ているW君を見ることもなく、ゆっくりゆっくりと手足を動かして部屋の中を歩いている。

「あっ、あの子は」

ブーーッ、ブーーッ

耳をつんざくクラクション。部屋が振動でゴゴゴッと揺れ出した。横の壁から大きなダンプカーがスローモーションで走ってきた。

ダンプカーはバンパーで女の子を跳ね飛ばした。女の子は横に吹っ飛び、道路に打ち付けられ、タイヤの下敷きになった。肉が裂け、骨が砕け、血が噴き出している。目の前で起こっている惨劇。全てがスローモーションだ。

体を動かそうと思ったが、金縛りにあったようで動かない。

W君は自分がダンプカーに轢かれたような気持ちになった。

気がつくと朝になっていた。

朝食は喉を通らなかった。忘れ物がないか確認して家を出た。近所の交差点、バス停の前にカーブミラーがある。そこで立ち止まった。

カーブミラーに、ずっと昔からくくりつけられているのが、赤いスカートをはいた、おかっぱ頭の飛び出し坊やである。女の子だから坊やじゃなくて、飛び出し少女か。

いつも見ている風景で気にもとめなかったが、母に聞くと、二十年以上前からここにあるらしい。ペンキが剥《は》げてあちこち傷んでいる。

モデルはミユキちゃんという女の子だという。W君が生まれる前、この交差点でダンプカーに跳ねられて死んだのだ。

遺族の希望で、この地域にはミユキちゃんをモデルにした飛び出し少女がたくさん作られていた。

どうして昨夜、部屋に現れたのかはわからない。

大学入試は寝不足で、実力を発揮できなかった。大学に落ちて、一年、浪人生活を送ったそうだ。


令和元年、近江八幡市の安土町《あづちちょう》の中学生がオリジナルの飛び出し坊やを作った。安土城にちなんで織田信長、地元の名産品のネギ、近江牛をモチーフに、ペンキで色を塗って二十七体の看板を作った。

ところが設置した直後から、看板が次々盗まれてしまった。合計九枚。警察では窃盗事件として捜査した。後に、琵琶湖に捨てられていた看板が六枚発見された。三枚は不明のまま。犯人はわからない。

看板を作った中学生が言っている。

「盗んだ人は元の場所へ返してほしい。飛び出し坊やは歩くはずがない」

令和四年の交通事故死亡者数は二六一〇人である。
飛び出し坊やが誕生する前に比べて、六分の一以下に減っている。

祖父のにおい（草津市）

日野菜は滋賀の伝統野菜だ。カブの仲間だが、カブのように丸くはない。人参のような細長い円錐形をしている。ゴボウほどの太さで長さは大根ぐらい。地中に埋まっている部分は雪のように白く、地上に出ている上部は紫色で、緑の葉を付ける。

約五百年前、室町時代に日野の領主であった蒲生貞秀《がもうさだひで》が自生していた菜を見つけた。日野で発見されたから日野菜である。漬物にしてみるときれいな桜色に染まって、誠に美味しい。

蒲生貞秀は日野菜の漬物を、京都のお公家さんを通じて、後柏原天皇に献上した。後柏原天皇はこれを大層気に入り、

「近江なる檜物《ひもの》の里のさくら漬けこれぞ小春のしるしなるらん」

と和歌を詠んだ。

檜物は、檜の薄板を曲げて作った円筒形の箱のこと。曲物、曲げわっぱともいう。只今でも、お弁当箱として売っている。当時、日野で製造されていた。日野菜の漬物は、天皇の和歌から取って、さくら漬けとも呼ばれるようになった。薄切りにしたさくら漬けは風味がいい。ご飯によく合う。

日野出身で大学生のエミさん。高校を卒業して、実家から南草津《みなみくさつ》のマンションに一人暮らしをするために引っ越したのは三月末のこと。

部屋には、片付け途中のダンボールがまだ残っている。

午後三時。お茶を飲んで一服しようと、台所用品を詰めたダンボールを開けて、ヤカンと急須と湯のみを出した。

母が持たせてくれた土山茶《つちやまちゃ》である。八畳一間で大きな窓が南側にある。窓を開けるとベランダだ。窓を開けようとしたところ、ふいに祖父のにおいがした。

祖父は、エミさんが中学生の時に亡くなった。癌だった。闘病中、祖父の体はどんどんとカビ臭くなっていった。亡くなって葬式に参列しながら、あれは死のにおいだったのかも知れないと思っていた。カビのにおい——エミさんにとっては祖父のにおいだ。

新居でカビ臭いのはどういうこと？　と、エミさんはにおいの元をたどってみた。すると、部屋の隅、フローリングの床に黒いシミがある。

不動産屋と一緒に、部屋を内見した時には気が付かなかった。五百円玉ぐらいの黒いシミ。シミを見ていると、シミもこちらを見ていた。

「エッ」

眼だ。シミに眼がある。シミの黒目が一瞬、白くなり、瞬《まばた》きしたように見えた。

シミを凝視するが眼などない。見間違いか、と息を吐いた。

においはシミから出ているようだ。顔を近づけるとムッとカビ臭さが鼻に直撃した。

慌てて顔を離すと、気を取り直して再びダンボールを開けて荷物を出していく。

ダンボールから、タッパーに入ったさくら漬けが出てきた。

こどもの頃からさくら漬けが大好きだった。

特に母の手作りのものは色も香りも良く、しょっちゅう食卓にのぼっていた。母が勝手にダンボールに入れていたようだ。

「食べよう」

タッパーの蓋を開けて、ギョッとした。

「臭ッ」

見た目は鮮やかな桜色なのだが、魚を発酵させたようなにおいが漂ってくる。

「鮒ずしじゃあるまいし。そんな馬鹿な。さくら漬けでしょ」

鼻がおかしいのかと思い、タッパーを鼻に近付け、さらににおいを嗅いだ。

「ウワッ」

タッパーごと、台所の流しに放り投げてしまった。強烈なにおいだ。目がヒリヒリして痛いほどで、鼻の奥ににおいが張りついた。

「ウゲェーッ」

こらえきれず、流しに吐いた。さくら漬けに吐瀉物がかかる。

涙目になりながらダンボールの中からビニール袋を探し出し、タッパーを二重に包んで急いでベランダに出す。

水を流し続けているが、まだにおいがしている気がする。気分が悪い。

風呂に入って念入りに髪や体を洗おう。そう思ってバスタブに入ると、シャワーのお湯を体にかけながらシャンプーを手にプッシュして、眉をひそめた。

「臭い。なにこれ。下水のにおいだ」

風呂場の排水口からにおうのか。いや、違う。手のひらに出したシャンプーだ。実家から持ってきた新品のシャンプーなのに、下水のにおいがする。

「そんな馬鹿な」

そのシャンプーを髪につけると、まるで下水の中で泳いでいるような気分になった。

風呂場でえづく。気持ち悪い。お湯で何度も髪をゆすいで、風呂場から出る。

バスタオルを体に巻いて、ふとベランダを見る。

カーテンをつけていないことに気がついた。

ベランダの手すりに大きなカラスが一羽とまっている。

カラスと目が合った。カラスはエミさんを見据えている。

一瞬、カラスが瞬きをした。

カラスは目蓋の下に瞬膜《しゅんまく》――眼を保護するために水平移動する、薄くて白い膜――がある。瞬きをすると、瞬膜が出てくるから、黒目が白くなったように見える。

あの眼だ。床のシミに現れた眼だ。エミさんはそう思ってゾッとした。

カラスはゆっくり羽を動かすと、手すりから消えた。

祖父のにおいが漂ってくる。シミのにおいが強くなっているようだ。

また急に吐き気がして流しに向かったが、胃液しか出なかった。

母に電話をして、さくら漬けのことを聞いたが、「エミちゃんがいつも食べてるやつだよ」と言われた。

急いで洗剤を買ってきて床をゴシゴシ拭《ふ》いたが、黒いシミもカビのにおいも取れない。

それ以降、嗅覚がおかしい。料理が臭くて喉を通らない。

次の日も雑巾でシミを拭いた。洗剤を使い、時間を掛けて擦ったが、シミは取れない。

それどころかシミは次第に広がって、一週間経ったころには両手よりも大きくなり、においもさらにきつくなってきた。

時折、シミに眼が現れて、こちらの様子を窺《うかが》っているようだ。

臭くて何も食べられないエミさんは痩せてきて、自分の体からも祖父のにおいがしてくるように思えた。

「あたし、死んじゃう」

ある日たまらず実家に電話をすると、両親が迎えに来た。

あの家に住んでいたのは八日間だけだった。実家に帰ると、徐々に嗅覚が戻り、食事もできるようになった。

「あのシミは一体なんだったんだろう」

不思議には思うが、なるべく思い出さないようにしているそうだ。

滑稽な怪談

怪異に遭遇した本人は、その体験が心底恐ろしいのだろうが、その出来事を俯瞰《ふかん》して見ると、恐怖というよりも滑稽《こっけい》だったり、微笑《ほほえ》ましく感じることがある。

甲南出身、四十九歳の男性、渡辺さんに聞いた怪異。

渡辺さんはサウナが苦手だった。若い頃、一度入ってみたが、モワッとした熱気が嫌ですぐに出た。

今年、会社の後輩にサウナを勧められて、久方ぶりに入ってみると、実に気持ちいい。嬉しくなって、週に一度はサウナに足を運ぶようになった。

ところが、まだととのったことがない。「ととのう」は、近年できたサウナ用語だ。令和三年の新語・流行語大賞にもノミネートされている。サウナに入って大量の汗を流し、水風呂に入る。そして外気浴。外の空気を吸いながら椅子やベッドで休憩すると、恍惚《こうこつ》とした状態になる。これが「ととのう」。

渡辺さん、その日は南草津のスーパー銭湯に向かった。初めて入る店だ。

サウナ、水風呂、外気浴、これをワンセットとして二回繰り返した。

そして三回目、サウナを出て水風呂へ。水温は十六・八度と表示されている。

ここの水風呂は畳一畳よりも狭く随分と深い。一人用だ。

壁には「水風呂に潜らないで下さい」と張り紙がしてある。

プールじゃないんだし当然のこと。だいたい不衛生だ。ところが、毎週のようにサウナに通っていると、水風呂に潜る不届き者が結構いる。マナー違反だが気持ちよさそうで、渡辺さんは密かにやってみたいと思っていた。

今日は空いている。チャンスだ！　と、ゴボゴボッと潜ってみた。水が冷たくて肌が痛い。うわーと思いながら水中で目を開いたその時——。

目の前に土左衛門がいた。

ブヨブヨに太っていて、真っ白い肌。目は見開いているが、黒目はない。濁った白い目。口元が歪《ゆが》んでいて、ニヤリと笑っているように見える。

あまりの恐怖にギャーッと叫んだが水中だ。声は出ない。水を飲んでしまった。

こんなところに土左衛門がいるはずない。

慌てて水風呂から出ると、ヨタヨタと這うようにしてリクライニングチェアに倒れ込んだ。

目を閉じると目の前が真っ赤になった。血液が全身を駆け巡っている。

「と、ととのったー」

渡辺さん、初めてととのったそうです。

この出来事を俯瞰して見ると、なんとなく滑稽だ。


こちらは八十代前半の女性、芙美子さんに聞いた怪異だ。

当時、芙美子さんは四十歳になったばかりで、旦那さんと小学生の息子が二人いた。

夏休みのある日、滋賀から電車に乗って九州へ家族旅行に出かけた。温泉旅館に泊まり、翌日は初心者向けの山登りすることになっていた。

当日、旅館を早めに出ると、目的の山へと交通機関を使って向かう。

そして山に入った。午後になり緩やかな山道を歩いている時、長男が靴飛ばしをやった。片足を思いっきり振り上げて、履いている靴を前に飛ばすのだ。

飛んだ靴が落ちたところを見て次男が「明日は晴れや」と言った。落ちた靴が上を向いたら、晴れなのだそうだ。次男も同じように真似をしたら、靴がひっくり返った。

そんな風にふざけながらも楽しく家族は吊り橋を渡り、大きな滝を見た。やがてローカル列車に乗って、こどもたちは靴を脱いで座席に上がると窓の外を見ている。目的の駅に着いて列車から降りた。

次男が父に向かって、「おんぶ～」と甘えた。芙美子さんが、「自分で歩きなさい」と言っても「おんぶ～。おんぶ～」と訊かない。

父が「よし、おんぶしたろ」と言って背中を出した。次男は喜んで父の背中に抱きついた。そのまま旅館へ戻った。

父が次男を玄関に下ろして、「あれ？」と言った。靴が片一方しかない。

左足はちゃんと履いているが、右足は靴下だ。

「靴、どこにやった？」

次男は俯《うつむ》いて黙ったままだ。

「おんぶしてる時に、落としたのかなあ」

「ひょっとしたら電車の中と違う？」

芙美子さんが次男の靴下の裏を見ると、泥だらけだ。どこで靴を失くしたのかわからない。そして、片方の靴を履いていないことに誰も気付かなかった。

そのやり取りを聞いていた旅館の女将さんが、「昔、息子が履いていた靴ですが、よかったらどうぞ」と、同じサイズの靴をくれた。

翌日は穏やかないい天気だった。片一方になってしまった次男の左の靴は、持っていても仕方がないのだが、買ってひと月も経っていないので、もったいないと思い、家に持ち帰って玄関の靴箱に収めた。


二学期が始まった。こどもたちが学校に行っている間に、芙美子さんは庭で洗濯物を干していた時のことだった。目の前をたまたま赤とんぼがスイーッと飛んだ。ふと、眼で追った先、庭の隅に靴が一個、寂しそうに転がっているのを見つけた。

次男の靴だとわかった。

「ほったらかしにして」

近づいて手に取ったところで「あれ？」と思った。夏休みの旅行前に買って次男が履いていた、そして失くしてしまった右の靴だ。

しかし、あの時の買ったばかりの新品感はない。汚れてあちこちに傷があり、靴底はすり減っている。

ゾクッと寒気がした。九州で失くしたものが、どうして遠く離れた自宅の庭に落ちている？

靴箱を調べると左の靴はちゃんとある。それと比べてもくたびれ具合が半端ない。

次男が学校から帰ってきたから、この靴を見せた。すると、次男は――。

「歩いてきたんや」

この出来事も俯瞰して見ると、微笑ましい。

次男坊は四十数年の月日を経て、今ではサウナ好きのおっさんになっている。この事実もまた滑稽なり。渡辺さん親子に聞いたお話。

天井の池

醒井養鱒場《さめがいようそんじょう》は鱒《ます》の養殖施設だ。歴史は古く、明治十一年に作られた。ニジマスを釣ったり、釣った魚を食べたり、魚の展示を観察したりして、学ぶことができる。

滋賀の小学生は遠足や社会見学で必ず行く、面白くて勉強になる場所だ。


愛知川に住む四十代の男性、Oさん。

小学三年の時、遠足で醒井養鱒場へ行くことになった。

Oさんの頭では、サメガイという言葉から「鮫《さめ》飼い」と想像し、なんとなく鮫を飼っている施設だと理解した。

当日はバスに乗って醒井養鱒場へ向かうのだが、途中、バスガイドのお姉さんが怪談を語ってくれた。

夜中、誰もいない鱒の飼育池に現れたのが一人のお爺さん。池の片脇に「鱒のエサ五十円」と書かれた看板があり、下には小袋に入った鱒のエサが置いてある。お金を入れる箱もある。看板をジッと見て、お爺さんはウンウンと頷《うなず》いた。鱒が泳いでいる池に近づくと、小銭入れから五十円玉を取り出して、ポチャンと池に投げた。

バスガイドさんがここまで語ると、クラスメイト数人がクスクスと笑った。Oさんもやや遅れて、そのおかしさに気付いてクスクスと笑った。

バスガイドさんは話を続ける。

ところが、池の底に五十円玉はない。池にいる鱒は大きいのになると五十センチ以上もある。投げ込まれた五十円玉をエサと勘違いして、大きな口でバクッと食べてしまうのだ。お爺さんはしばらく池を見つめていたが、スーッと姿が消えた。

お姉さん曰く、鱒釣り体験をした人は、自分が釣った鱒を塩焼きにして食べることができる。スタッフが内臓を取って血抜きをして、食べやすくしてくれる。内臓の中から、お金が発見されたことは、これまで一度もないらしい。

最後に、

「みんなは賢いからそんなことはしないでしょうけれども、池にお金を投げ入れたらダメですよ」

と話を終えたところで、醒井養鱒場へ着いた。中には大きな飼育池があり「鱒のエサ五十円」の看板とエサもあった。

クラスの代表二人がエサを撒《ま》くことになった。

エサが飼育池に投げ込まれると、ものすごい勢いで鱒が集まってきて、水面を跳ね回る。周りを押しのけ我先にとエサに喰らいつくが、エサがなくなると池はシーンと静かになる。Oさんはちょっと怖くなった。

その晩のこと。ベッドに横になっていたOさんは、疲れもあるはずなのになかなか寝つけなかった。天井には蛍光灯があって豆電球だけが点いている。真っ暗にすると怖いので、いつもこうして寝ている。うっすらと見える天井をボーッと見ていると――

バチャバチャバチャバチャバチャバチャ

突然水音が聞こえて、天井が波打った。表面に鱒が跳ね、餌を求めて激しく波打つ。
昼間見た光景を目に浮かべているのではない。
天地がひっくり返っているようで、天井が養殖池の水面となっているのだ。
池の片脇には、天井から突き出ているように、お爺さんが立っている。
お爺さんは小銭入れから硬貨を取り出して、次々と池に投げ込んでいる。
「なんだ。何が起きたんだ」
びっくりして見ているうちに——。

「起きやー」と、母が部屋に入ってきて、ガラガラと雨戸を開ける。朝日が部屋に入り込んで眩《まぶ》しい。慌ててOさんが布団を跳ねのけた。
その時。掛け布団から何かが落ちた。

チャリン――

布団の側に五十円玉が落ちていた。

お小遣いはいつも財布か貯金箱に入れているから、どうしてこんなところに小銭があるのかわからない。天井を見上げた。いつも通りの明るい部屋。意味もなく豆電球が点いているだけだった。

その後、天井に鱒の池やお爺さんが現れることはなかったそうだ。

庭の池（高島市）

朽木《くつき》に住む七十代の男性、シゲオさんは、先祖代々この土地に住んでいる。広大な土地に大きな家が建っている。母屋があって、離れがあって、蔵もある。

昔、母屋の屋根は茅葺《かやぶ》きだったが、葺き替えの職人がいなくなり、瓦屋根に変えた。

母屋の近くに大きな花壇がある。この花壇は元々は池だった。二十五メートルプールの半分ほどの大きさがあり、瓢簞《ひょうたん》の形で、くびれている真ん中には橋が架かっていた。池は埋められ、瓢簞型の花壇になっても、橋だけは残っている。

近年はあまり雪が積もらなくなったが、シゲオさんがこどもの頃は大雪が降った。

雪かきは大人もこどもも一緒にやった。雪をかいてもかいても、降り積もるので、雪を捨てるところがない。そういう時は、池の中にどんどん放り込む。すると、雪は溶けてなくなり、雪かきがはかどった。

池には一メートルを超える大きな鯉が一匹泳いでいた。その周りを鮒や金魚が泳いでいる。洗剤がなかった時代で、台所の排水は池に流しており、残飯はそのまま魚の餌になった。池の水は用水路から川を伝って琵琶湖に流れ込んでいた。

栄養がいいのか、鯉は丸々と太っていた。

鯉は「池の主は俺である」という顔で、悠然と泳いでいた。鯉は父が琵琶湖で釣ってきて、この池で飼っていたのだ。シゲオさんは鯉が大きな体で豪快にバシャーンと跳ねる姿を見るのが好きだったという。


シゲオさんが十二歳の時、父が脳卒中で倒れた。

便所で倒れていたのをシゲオさんが発見した。慌てて母や兄を呼んできて、近所の方が車で病院へ運んだが、そのまま亡くなってしまった。何が起こっているのかわからないほどバタバタと、お通夜と葬儀を終えて家に帰ってきた。

シゲオさんは庭で、鯉が死んでいるのを見つけた。

池の外へ飛び出して、そのまま息絶えていたのだ。

外傷もなく、鱗がギラギラ光っていた。でもどうして池から出たのか。そんなことをしたら死んでしまうではないかと不思議に思った。

「偉い。忠義な鯉や。殉死《じゅんし》したんや」

叔父さんはそう言った。

それから池に魚を放すことはなく、年月とともに魚が死んだり、近所のこどもにあげたりして、やがて魚は一匹もいなくなった。


シゲオさんが三十六歳の時、長男が誕生した。池はもう何年も魚が棲んでいない。ただ濁った水があるだけだった。

奥さんが言い出した。

「池があると心配。こどもが落ちたら危ない。池を埋めて花壇にしたい」

魚がいなくても、水辺があると鳥や蝶が集まってくる。シゲオさんは池に集まる野鳥を観察するのを楽しみにしていたが、黙って奥さんの言う通りにした。

花壇は季節季節の花が咲くので、とても賑やかな庭になった。鯉がいた池も好きだったが、今の華やかな花壇も見ていて楽しい。奥さんのアイデアでいい庭になった。

現在、シゲオさんには孫もでき、親子三代で暮らしている。ただどういうわけか、もう水もなくなって四十年近く経つ花壇から、いまなお時折、バシャーンと魚が跳ねる水音が聞こえてくることがあるという。

工事現場の崖(甲賀市)

水口《みなくち》に住む四十代後半、ナオトさんから聞いた話。

彼が小学六年生の頃のこと。近所にあるB山が切り拓かれ、国道三〇七号線が通されることになった。現在は、近江グリーンロードという愛称で呼ばれている道路だ。

山には大型のダンプカーやショベルカーが何台も入り、大掛かりな工事が始まった。

最初のうちはもの珍しく、近所のこどもたちは工事現場まで様子を見に行っていた。

しかし、いつまで経っても工事は終わらない。二年ほどかかり、山の真ん中に砂利道が通された。

当然まだ工事途中であり、現場には進入禁止と書かれた鉄の柵が置かれていた。

ある秋の日曜日。ナオトさんは同級生三人に誘われて、工事現場へ行くことにした。

今日は工事も休みで、現場には誰もいない。鉄の柵を乗り越えて中に入る。

巨大な彫刻刀で山を削ったような、荒々しい砂利道が現れた。左右は三階建てほどの高さの切り立った崖になっていて、時折り強い風が音を立てて通り抜ける。この崖をコンクリートで固め、砂利道にアスファルトを敷き、道路へと仕上げていくのだ。

「あれ！」

Hが前方を指差した。崖のたもとにリスが一匹いる。リスは彼らの声に反応したのか、跳ねるように崖を登っていった。Hが「あのリス、捕まえようや」と、リスが登って行った崖を見上げた。

「こっちから行けそうや」

ろくな足場もない斜面を、Hに続いて、K、Mも器用に登っていく。

「おい、ナオトも登れや」

ナオトさんは高所恐怖症だ。下から見上げているだけでも怖いのに、こんな崖、登れるはずもない。三人はスイスイ登っていく。ナオトさんも仕方がないと、両手両足を使って懸命に登り始めた。

三人はすでに上に行きつき、ナオトさんを見下ろしている。

「はよ、登れや」

そう言いながら、ふざけて唾をかけ始めた。

「やめて。ほんまやめて」

「ギャハハハハ。落ちろ落ちろ」

今度は砂をかけ始めた。ナオトさんは目を閉じ、必死で堪《こら》えていた。登るのは無理だから降りようと、下を見ると、すでに随分高いところまで登っている。

（ここから落ちたら死ぬぞ。死んでしまう。本当に死ぬぞ）

三人はしつこく砂をかけてくるし、下にも降りられない。絶望的な気持ちになり、ナオトさんはシクシク泣き始めた。太ももから生暖かい液体が垂れていく。小便を漏らしたのだ。

しばらくすると上からの揶揄《やゆ》が静かになった。もう登るしかないと、下を見ないように必死で登り、ようやく上に行きついた。

震える体を深呼吸で整え、落ちたら死んでいただろうという想像をなんとか振り払うと、Hたちの姿を探して見回した。

おかしいな、どこに行ったんだろう。

ふと、妙な視線を感じる。目を凝らすと、先ほどのリスがナオトさんの方を凝視している。しばらく見つめ合っていると、いきなり「キューッ」と鳴いて走り出した。ナオトさんは咄嗟《とっさ》にリスの後を追った。しばらく山の中を進むと、大木が倒れていて、行く手を阻《はば》まれた。

どうやったら越えられるのかとまごまごしているうちに、リスを見失った。

大木を避け、先に進む。すると大きな切り株があり、その横で、三人がうつ伏せになって寝ている。

「何してんの？」

声をかけたが返事はない。顔をのぞき込むと、三人は白目を剥《む》いて口から泡を吹いている。

「ど、どうしたん？」

Hの体を揺すった。

「ゲボッグボッ」

Hは突然、口や鼻から赤黒い液体を吐き出した。「うわっ」とナオトさんは仰《の》け反《ぞ》り、他のK、Mも順番に揺すった。二人とも同様に、吐き出した液体でシャツやズボンを汚しながら、苦しんでいる。

その後のことはあまり覚えていない。

ナオトさんが家に帰ったのは夜遅くで、親がたいそう心配していた。体も服も汚れていて、こっぴどく叱られたことは覚えている。

翌日、同級生三人は普通に学校に来ており、体調も悪くないという。誰も同じように、崖を登って切り株があったところまでは覚えているが、崖の上で一体何があったかはわからないという。

これは後に知ったことだが、あの工事エリアの山中で、成人男性の白骨化した遺体が発見されたという。また工事関係者が、あの崖付近で一人亡くなっていた。

そんなことがあって、工事が止まっていた最中だったのだ。

ナオトさんは中学生になり、彼らとはクラスも一緒にならなかったので、その後一緒に遊ぶことはあまりなくなった。

結局、道路が完成したのは、ナオトさんが高校一年になった頃。足掛け五年ほどかかったが、立派な道路が完成した。ナオトさんは高校生になると、その道を通学路として使っていたが、その後、リスを見かけたことは一度もなかった。

あの時、先に崖を登った三人だが、Hは十八歳で事故死、Kは二十二歳で病死、Mは二十三歳で自殺——三人共、若くして死んだ。

ナオトさんは今でも年に数回、あの崖から落ちる夢を見るという。

四苦八苦してようやく崖の上にまでたどり着きそうなその刹那、仰け反るようにして手が離れてしまう。

声を出す間もなく逆さまに落下する。地面がスローモーションのように近づいてきたかと思うと激突し、目の前が真っ赤になる。

すると、頭がスイカのように弾けて中身が砂利道に飛び散った自分を、今度は俯瞰の自分が眺めているのだ。音のない世界、どこからかリスが走り寄ってきて、飛び散った脳味噌をチューチューとすすっている——。

ここで目が覚める。その時、いつも小便を漏らしているという。

「何がなんだかわからないままですが、あの時の何かが僕にとってショックなことになっているのでしょうね。にしても、大人になって寝小便をするのは、本当に情けなくて、病院にも行っています。でも、治らないんです」

琵琶湖の魞漁（大津市）

琵琶湖では冬になると魞漁《えりりょう》が行われる。魚が入ると書いて魞。岸から沖に向かって、矢印型に網を設置する。魚は岸を回遊する習性があるから、網に沿って泳ぐ。自然と沖に誘導され、つぼと呼ばれる仕掛け網に入る。つぼへ入ると行き止まりで、魚はもう逃げることができない。

魚の習性を利用した、琵琶湖で千年以上続く漁法なのだ。

冬には氷魚《ひうお》がよく捕れる。鮎の稚魚を氷魚というが、透明でキラキラ光るので、琵琶湖のダイヤモンドとも呼ばれている。

蓬莱山《ほうらいさん》の麓《ふもと》に住む二十代の男性、Eさん。祖父が琵琶湖で漁師をしていて、時々祖父の元へ行って漁の手伝いをしている。

ある日のこと、祖父が船の上で、

「こどもの頃に聞いた話じゃがな」

そう言って、地元に伝わる怪談を語り出した。

その昔、比叡山《ひえいざん》に浄蓮房という背の高いお坊さんが住んでいた。しかし、山の麓に住む美しい侍の娘に一目惚れしてしまった。修行どころではなくなり、思い悩んで琵琶湖に身を投げてしまった。

その後、一人の漁師が夜に船を出して漁をしていると、琵琶湖から坊主の幽霊が現れた。そして漁師に「乗せてくれ、乗せてくれ」と言う。

恐ろしいが逃げ場もないので、漁師が仕方なく乗せてやると今度は、「岸へ向かってくれ」と言う。言われた通り岸に船をつけると、坊主の幽霊は降りると一軒の家に向かう。

入りたいのだが、表の戸には御札が貼ってあり、ままならない様子。

坊主は漁師のところへ戻ってきて言う。

「御札をはがしてくれ」

漁師が御札をはがしてやると、戸の隙間から中に入っていった。その途端、ギャーという娘の悲鳴が上がった。漁師が驚いていると、いつの間にか坊主の幽霊は家から出てきており、その手には娘の生首をぶら下げている——。

Eさんは怪談が好きだからワクワクしながら聞いていた。これはまるっきり三遊亭円朝の名作怪談『牡丹燈籠《ぼたんどうろう》』ではないか。『牡丹燈籠』は女の幽霊が夜な夜な惚れた男の家へやってくる。男女の立場は逆だが、大筋は『牡丹燈籠』と一緒だ。

琵琶湖にも似た話があったんやなあと、面白く思った。

「じいちゃんが体験した怖い話はないのか」

そう聞くと、祖父は少し黙ってから、訥々《とつとつ》と語りだした。

五十年ほど前のことだという。

夏の暑い夜、一人で船を出して漁をしていた。すると、魞漁の仕掛けに何かが引っかかった。船を近付けると、土左衛門《どざえもん》のようだ。

仰向《あおむ》けになり、静かに浮かんでいる。

これまでも水死人は何度も見つけたことがある。見つけてしまったら、引き上げて地元の警察に連絡しなければならない。

すぐ近くまで船を寄せて合掌した。引き上げる前には必ずそうする。

そしていざ、暗い湖面に浮かぶ死骸に改めて目をやった。どうもおかしい。

船に引き揚げようと乗り出して見るが、仰向けのその頭はツルツルで異常に大きい。

時間の経った水死体は体が大きく膨らむが、頭がこんなに大きいのは見たことがない。

服は着ていないのだが、その肌は氷魚のように半透明で、よく見ると内臓が透けて見えるようだ。恐る恐る体を触ると全身がかすかに緑色に光り、蠢《うごめ》く。

ふいに顔がこちらを向き、目玉がぎょろりと動いた。

「ウワッ」

船の中で尻もちをついた。

「い、生きているのか」

生きているにしても、人とは違うもののように見える。

警戒しながら様子をうかがっているが、それきりもう動かない。

「やはり死骸か。腐敗していたからだな」

独《ひと》り言《ご》ちたその途端、琵琶湖の湖面がいっせいに波立った。

何百という小魚が跳ねて、水面から飛び出したのだ。

舟の中へもどんどんと、魚の方から飛び込んでくる。こんなことは初めてだった。

船の中は魚で溢《あふ》れ、奇妙な死骸を引き揚げるどころではなくなったので、とりあえずいったん岸に戻って魚を降ろすことにした。

魚を降ろして再び、死骸のあったあたりに戻ったが、どこかへ流されたのか、もう見つからなかったという。

床下の明神石（東近江市）

愛東《あいとう》に住んでいた三十代男性、Jさん。三人兄弟の長男で、父親は米農家だ。Jさんは農家を継ぐつもりがなかったので、大学卒業後、一般企業に就職した。

ところが、父親が急死して田んぼだけが残った。兄弟に相談すると、田んぼを誰も継ぐ気はない。Jさんは結婚して五年でこどもはまだいない。仕事は面白いのだが、どういうわけか上司に嫌われていて仕事がやりにくい。奥さんに相談すると一緒に農作業を手伝うというので仕事をすっぱりやめて、農家として暮らしていくことになった。

専業農家になり数年経ち、仕事にも慣れてきた。Jさんが作った近江米を美味しいと喜んでくれる人々も増えた。

ある年、稲が育つ時期に雨ばかりが続いた。もっと日照時間がないと稲が育たない。毎日降り続く雨を見ながら「どうにかならんかあ」とため息を吐《つ》いた時にふと思い出した。Jさんが小さかった頃、まだ生きていた祖母が、囲炉裏《いろり》の側で語ってくれた昔話である。

昔々、日照《ひで》りで困っていた村人は氏神様《うじがみ》のところへ祈りに行った。すると、本殿の床下に明神石が埋めてある。それを掘り起こし、清らかな水で清め、本殿に安置して、七日七晩踊れと告げられる。村人たちがそうすると雨が降り、みんなは喜んだ。

祖母は話し終えるとJさんに言った。

「神棚の床下に明神石が埋まっている」

平らで大きな石らしい。しかし、なんで我が家の床下にそんな石があるのか、その時は気にも留めなかった。

Jさんは、もし明神石があるならば、その明神石をひっくり返して土に埋めると、雨乞いの逆で雨が止むんじゃないか、そう思ったのだ。

どうせ今日も農作業はできない。一度、床下を見てみよう。

茶の間の隣に八畳の座敷がある。座敷の左側に神棚があり、右側に大きな仏壇がある。

真ん中の二枚の畳を上げた。床板が見えてくると慎重に板を外した。床下からひんやりした空気が流れ、湿った土が見える。長靴を持ってきて履くと土の上に降りた。畑で使う大きなスコップを突き立てる。

「どれぐらい掘ればいいのだ」

神棚の下あたりに目星を付け掘り続けたが、何も出てこなかった。

記憶違いだったか。神棚の下ではなく仏壇の下だったか。

そう思って今度は仏壇の下あたりを掘りはじめた。

ガチッと音がして、一瞬、火花が出たように見えた。

「なんだろう」

スコップを置いて、素手で慎重に土を掻き出していると、急に鳥肌が立った。

土の中に何かいる――。

そう感じた瞬間、何かに手を噛《か》まれた。

「痛っ」

慌てて引っ込めたが、右手の人差し指から血が吹き出していた。

長靴を脱いで部屋へ上がると奥さんに向かって叫んだ。

「手を切った！」

声を聞いて救急箱を持ってきた奥さんは、Ｊさんの血まみれの手を見た。指先が深く切れている。

結局、奥さんが車を運転して総合病院へ行き、五針縫った。何かに噛まれたように、人差し指の先が裂けていたという。

その後、昼過ぎに家に帰ってきたＪさんだが、それほどの傷を負ったものの気になるのは床下だ。

奥さんは八畳間の様子を見てあきれて「早く片付けてください」と言ったが、あの土の中に何かがあったのは確かだ。何かに噛まれたと思ったが、生き物がいたようにも思えない。なんだったんだろう。

右手は包帯を巻いているから、左手に軍手をはめた。ランタンで照らしながら、今度は小さなスコップで土を掘ってみる。

ガチッ、ガチッ
やはり何かに当たる。明神石かと思い、気を付けながら時間をかけて掘り出した。

しかし、話に聞いていたような平らで大きな石ではなかった。

出てきたのは、高さが五十センチぐらいで、ぼろぼろの荒縄にまかれた石の塊《かたまり》だった。相当に重い。上に持って出て、明かりの元で見て気が付いた。

「お地蔵さんだ」

座禅を組んだ地蔵だ。しかもスパッと鋭利な刃物で落とされたかのように、首がない。そしてその体には鉄の楔《くさび》がいくつもいくつも打ち込まれている。

「なんやろ、いったい」

独り言ちて、またも祖母から聞いた昔話を思い出した。


稲は刈り取った後、天日干しにする。陽の光を十分に浴び、時間と手間をかけて米は美味しくなる。そんな時に突然の夕立がきた。お百姓さんは出掛けた先で「せっかく刈り取った米が濡れてしまうわい」と急いで帰ってきた。田んぼにたどり着くと、雨の中を一人で稲を小屋に運んでいる人物がいる。

「誰じゃろ」

よくよく見るとお地蔵さんだった。それ以来、この土地に住む人は「化け地蔵」と呼んで大切にしている。

Ｊさんはこども心に、助けてくれたお地蔵さんなら「お地蔵さん」と呼んだらいいのにと思っていた。実際はお百姓さんに化けていたから「化け地蔵」なのだろう。

そんなことを思い出しながら、どうしてこんな姿にした地蔵がうちの床下に埋めてあるのだと頭をひねった。

地蔵をタオルの上に置くと、台所にいた奥さんを呼んだ。

奥さんは一目見るなり「怖い」と黙った。

Ｊさんは両手で使う刈込鋏《かりこみばさみ》を持ってきて、荒縄を切った。縄を外して、地蔵に打たれた鉄の楔を数えると、十七本も突き刺さっていた。痛々しい首なし地蔵である。

首がないからわからないが、きっと苦悶《くもん》の表情を浮かべているに違いない。

その時、奥さんが声を上げた。

「あっ、虹が出てる」

いつの間にか雨が止んでいて、空には大きな虹が出ている。

檀那寺の住職に相談をすると、明神石や化け地蔵の昔話は知っていたが、床下に首のない地蔵が埋まっている話などは聞いたことがないとびっくりされた。

「寺で預かりましょう」と言ってくれたので、納めることになった。

その後は、偶然か地蔵のおかげか、天候は良くなり稲の心配はなくなった。

指を噛んだものは、なんだったのかもわからずじまいだ。

そして地蔵を寺に納めてすぐのこと、Ｊさんの家庭で不幸があったというのだが、その話は「語りたくない」ということで話してはもらえなかった。

残された杉（栗東市）

こんな講談がある。

昔、堺《さかい》の妙国寺には巨大な蘇鉄《そてつ》があった。

蘇鉄は古代から生えている植物で、蘇は蘇生の蘇。枯れかかった蘇鉄の根本に、古い釘を埋めたり、釘を直接幹に打ち込んで鉄分を与えると、元気になると言われている。

織田信長が安土に城を築いたその頃、妙国寺の蘇鉄は樹齢七百年。非常に評判で、多くの方が見物に来ていたが少し弱ってきた。

そこで釘を幹に打ち込み、根本に古釘を撒いた。偉いお坊さんがお経を唱えると、たちまちにして元気を取り戻した。信長がその話を聞き、「安土城の庭に妙国寺の蘇鉄が欲しい」と、家来に命じて堺から安土に移し替えた。

その晩、寝所で休んでいた信長がハッと目を覚ました。

強い風音に混じって、老人のしわがれ声が聞こえる。

「帰りたい、帰りたい」

信長は小姓の森蘭丸に、「庭から妙な声が聞こえる。調べてこい」と命じた。

蘭丸が槍を小脇にかいこんで手に提灯を持ち、廊下に飛び出した。庭へ来ると、月は隠れて周囲は真っ暗、声だけが聞こえてくる。

「帰りたい、帰りたい。妙国寺へ帰りたい」

提灯で庭を照らしてみると、蘇鉄が大声で呻《うめ》き叫んでいる。

蘭丸がこのことを知らせると、信長は言い放った。

「あの蘇鉄は樹齢七百年、妖怪になったものと見える。夜が明けたならば、蘇鉄を切り捨てろ」

夜が明け、家来三百人に命じて蘇鉄を切ることになった。家来一同が斧を振り上げ、号令と共に振り下ろした時、蘇鉄は叫び声を上げ、その切り口からは血が吹き出した。

信長はしばらく黙って蘇鉄の様子を見ていたが、

「魏《ぎ》の曹操《そうそう》が梨の木を切ったところ、木は血を流し、やがて曹操は命を落とした。古木には霊がある。このまま堺に返すべし」

と家来に伝え、その日のうちに蘇鉄を掘り起こし安土を出発した。

これが天正十年のこと。その後、信長は本能寺で明智光秀に討たれるわけだが、ひょっとすると蘇鉄の祟りだったのかもしれない。


栗東に住む七十代の男性、Dさん。新興住宅地に家を建てたが、四十年も経つとこどもたちは家を出ていき、近所に住んでいるのは年寄りばかり。

一軒また一軒と引っ越していく。Dさん宅の斜め向かいの家も引っ越してしまった。その家は潰されて更地になり、不動産屋が売り出した。しかし一向に売れない。

庭の隅に前の住人が植えた杉の大木が一本残っていた。家を潰した時にどういうわけか、この木は切られなかったのだ。

しかし、この杉の木が春になると、もの凄い量の花粉を飛ばす。隣家に住んでいた一人暮らしのお爺さんが、重度の花粉症だった。家がある間は我慢もしていたが、更地になり、ダイレクトに花粉が降り注ぐので、怒りもピークに達したある春の日。

ノコギリを持ち出し、勝手に木を切り始めた。

ところが、大木なので簡単には切れない。

気が付いたDさんはお爺さんに声をかけた。

「空地でも他人の土地だし、植わってる木もそこのものだから、勝手に切らない方がいいですよ」

「花粉め、花粉め、花粉め」

声が届いていないのか、怒鳴りながらノコギリを持つ手を動かしている。

「痛っ」

大きな声で叫ぶとノコギリを離してうずくまった。Dさんが様子を見にいくと、お爺さんは自分の親指をノコギリで切ってしまったようで出血の量がすごい。

「救急車を呼びましょうか」

「ほっといてんか。花粉のせいや」

お爺さんは言い捨てて、家に入ってしまった。

杉の木はノコギリで切られた部分がささくれ立っている。そこから赤い樹液がポタポタと流れ出るのを見てギョッとした。

その日の真夜中のこと。ベッドで寝ていたDさんの耳に、

「ウァァアア、ギァァアアア」

泣き声か、悲鳴か、うめき声かわからないが、奇妙な声が聞こえた。

そしてなぜだか、頭が締めつけられるように痛い――と、一晩中苦しんだ。


数日後、隣のお爺さんが亡くなった。

玄関に新聞が溜まっていて、近所の方が庭から部屋を覗くと倒れていたのだという。

手には自分でやったのか、雑に包帯が巻かれていた。

Dさんが杉の木を見に行くと、ノコギリで雑に切られてささくれ立っていた部分が、盛り上がって皮膚が張り、傷が治ったようになっている。たった数日でこんな風になるものなのかとジッと見ていると、表皮が脈を打つようで、気味悪く思った。

あの晩、誰かの声を聞いたが、あれはお爺さんだったのか。あるいは、杉の木が発した声だったのか――。

その後結局、杉の木は切り倒され処分されたという。

持っていかれたのは？（東近江市）

能登川《のとがわ》に住む高校生、ヒロシ君。家の近所に小川があり、河原には葦《あし》が大量に生えている。川には小さな橋が架かっている。

近所の婆さんは、「ここは良くない場所だ」と言う。

昔、近江源氏の佐々木氏が治めていた土地だが、織田信長に攻められて多くの武将がこの河原で打ち首になった。近くに首切り関と呼ばれる場所もある。

「河原で処刑される者たちが、行列で橋を渡った。それ以来、何者でも、ここを行列で渡ると良くないことが起こると言われているんや」

そういう婆さんに、ヒロシ君が訊いた。

「良くないことってなんや」

婆さんは少し黙ってから話しだした。

ずっと昔に、行列を立てて橋を渡った者がいて、その中に生まれたての赤子を抱いて渡ったものがいた。すると、橋を渡りきる寸前に、その赤子の首が持っていかれてしまったのだという。

ヒロシ君、婆さんの言うことが本当かどうかわからないが、赤ん坊の首を持っていかれたら、それは確かに良くないことだと思った。

「でも、行列ってなんや。小学校の時、写生大会がこの河原であって、みんな並んで橋を渡ったが、良くないことは起こらなかった。いやいや、そういえばあの時、誰かがふざけて河原の大きな石を持ち上げて、自分の足に落として骨折した奴がいたなあ。あれは確かヨシハラだ。赤子の首に比べたら、まだましだ」

高校三年の夏、ヨシハラが結婚することになった。いわゆる、でき婚だ。相手は同級生で、彼女の妊娠がわかったから結婚を決めたのだ。彼女は学校を辞めてしまって、クリスマスの頃に赤ちゃんが生まれる予定だ。

夏休みに入り、友だちが集まってヨシハラの結婚祝いのパーティーを催すことになった。さんざん騒いだあと、妊婦の奥さんは帰り、男ばかりが十五人ほど残った。

花火をしようということになり、コンビニで買うと河原に向かって歩きだした。

橋の手前でヒロシ君が、

「そういえば、近所の婆さんからこんな話を聞いたことがある」

そう言って、行列で橋を渡って赤子の首が持っていかれたという話をした。

話し終えるとヨシハラが、

「ハッハッハ。じゃあ行列で渡ってみようぜ」

「行列ってどうすんねん」

「ほら、運動会の行進みたいに歩いたら、ええやないか」

「そういや、時代劇の大名行列って、下にー、下にーとか言うなあ」

整列すると、みんな好き勝手に「下にー下にー」と大声を上げながら、運動会の行進のように手を大きく振って歩き出した。

先頭はヨシハラだ。馬鹿笑いをしながら行進する。

何事もなく橋を渡りきると、河原へ降りて花火をした。

一番はしゃいでいたのがヨシハラだった。

「おいおい。ふざけてたら、また骨折するぞ」

「そんなことあったなあ」と、ワッとみんなが笑った。

突然、ヨシハラが黙り込んだ。河原がシーンと静まり返る。ヨシハラはジッと前を見ている。三メートルぐらい先。青い火の玉がプカリと浮かんでいた。

花火とは違う。ソフトボールより少し大きいぐらいだ。

青い火の玉がユラユラユラユラ揺れながら、琵琶湖に向かって飛んでいき、やがて見えなくなった。

「見たか」

「ああ」

「なんやあれ」

「さあ」

「……そろそろ、帰ろうか」

「ああ」

最後はなんだか盛り下がり、それぞれ家に帰った。

二学期になった。ヨシハラは夏休み中に離婚したらしい。

あのパーティーの後で奥さんが流産したのだという。

それから二人は喧嘩が多くなり、あっさり別れてしまったとのこと。久しぶりにヨシハラに会ったが、隣に新しい彼女がいて、楽しくやっている感じだった。


赤子の首、行列、青い火の玉、流産。

ヒロシ君には一連の出来事が繋がっているよう思えて、

「青い火の玉はひょっとすると、赤ちゃんの消えゆく命だったのかもしれない。あの晩、婆さんに聞いた橋の話をヨシハラにするんじゃなかった」

そう後悔しているそうだ。

ドレッドヘアの外国人（高島市）

滋賀県内で一番多い獣害はイノシシだ。柵があっても一メートルぐらいならジャンプして越えてくる。二十センチの隙間があったら、潜り抜けることもできる。田んぼに侵入して稲をなぎ倒し、土を掘り起こし、稲穂の汁を吸って、籾殻《もみがら》を吐き出す。農作物の被害が大きいのだ。

高島市《たかしま》ではハンターがイノシシを捕獲すると報奨金が貰える。幼獣（こども）なら一万円、成獣（大人）なら一万五千円ほどらしい。

高島に住む四十代の女性、Cさん。小学五年生の頃、学校で英語の授業があり、日本人の先生から簡単な英単語を習った。

「英語って面白い」と感激し、外国人と会話がしたいと思った。しかし、これまでテレビで外国人を見たことがあっても、実際に外国人を見たことはほとんどなかった。

その日は雨だった。学校が終わり、傘をさしながら、仲のいい友だち三人と一緒に帰る。

途中で友だちと別れて一人になる。家までは三百メートルぐらいだ。

そこは住宅街の一本道で、まっすぐいけば家に着く。

その時、前方から頭の大きな外国人が歩いてくることに気が付いた。

身長二メートルも超えているだろう、大きな黒人男性だ。

白いTシャツに、デニムのジーンズ、黄色い靴をはいている。傘はさしておらず、全身びっしょりと濡れていた。

大きな頭は、髪の毛を細かくチリチリの束にした独特のヘアスタイルのせいだった。

そういうヘアスタイルを「ドレッド」と言うと知ったのは、ずいぶん後になってからである。

左手がキラッと光った。刃物を持っている。

Cさんはそれに気が付き、その場に立ち止まった。

ドレッドヘアの外国人と目が合う。

外国人はゆっくりとした歩調でCさんを見ながら近づいてきた。

すぐ目の前に来たところで、いきなり怒鳴り出した。

「g％※h＄C8＃G！！！」

雨のせいか、何を言っているのかよく聞こえない。

耳に手を当てて「聞こえない」というポーズを取った。

「g％※h＄C8＃G！！！」

英語なのかもわからない。もう一度、耳に手を当てて首を傾げた。

「ヤマトナデシコか」

三度目に、そう聞こえた。

大和撫子？　ああ、日本語だったのか。大和撫子って日本人女性のことだったかな。

私、日本人だし――「うんうん」と頷いた。

ドレッドヘアの外国人は、にかっと笑うと、

「オーケー」

と、そのままCさんの横を抜けて走っていってしまった。

なんだったんだと思って家に帰ったが、ドレッドヘアの外国人が刃物を持っていて、

話をしたことは言わないほうがいいような気がして黙っていた。

夜、布団の中でCさんは考えた。

本当に「大和撫子」だったのか？　もし首を横に振っていたらどうなっていたのか。

わからないけれど、なんとなく、刺されていたような気がした。


翌日、近所の山で外国人男性の死体が発見された。

Cさん宅の三軒隣にYさんというお爺さんが住んでいるのだが、山の中にある畑にいった時に、血を流して倒れていた外国人男性を見つけたという。

腕や脚に咬《か》み傷があり、腹が裂け、内臓がダラリと出ている。無惨な姿で死んでいた。

Yさんは慌てて山から下り、警察に連絡した。

男は病院で死亡が確認された。死因は出血性ショックであった。山中でイノシシと遭遇し、突進され、噛まれ、牙で体を切り裂かれたのだという。

Yさんが両親にしている話を聞いていると、外国人男性の服装は白いTシャツ、デニムのジーンズ、黄色い靴だったという。このあたりで外国人など見ることはないので、珍しいねえと話している。

あの、頭も体も大きな黒人だ！

Cさんはそう思った。しかし、話の続きでは、その外国人は百六十センチぐらいの小柄な日系ブラジル人だったという。出稼ぎに来ていた人で、働いていた工場と彼が住んでいた寮は、琵琶湖を挟んで反対側にあった。

随分離れている。どうして縁もゆかりもない高島へ来ていたのか、寮の人もわからないという。

Cさんが前日見かけたドレッドヘアの黒人は、巨人と思えるほどの大きさだった。白いTシャツ、デニムのジーンズ、黄色の靴と、服装はまったく同じなのに、別人のようだ。

そんな外国人が二人いたのか。それとも同一人物だったのか。これまで外国人を見たことがなかったCさんの町に現れた外国人男性は、どこから来て、どこへ消えたのか。それに「大和撫子」と聞こえる言葉は、何か別の意味があったのだろうか。

その夜、Cさんは布団の中で考えたが釈然としなかった。

数日後、猟銃免許を持っているYさんがイノシシを仕留め、血の滴るシシ肉を分けてくれた。その日の夕食は牡丹鍋に決まった。食卓に出された真っ赤なシシ肉。確かに牡丹の花のように見えた。両親は「美味しい美味しい」と、味噌仕立てのシシ肉を貪るように食べていた。

このイノシシが男性を殺したのだろう。Cさんはシシ肉と血なまぐさい死体のイメージが重なって、とても食べる気にはならなかったそうだ。

マラソンランナー（大津市）

日本で最も歴史があったマラソン大会が「びわ湖毎日マラソン」で、昭和二十一年に始まり令和三年に終わった。令和五年からは「びわ湖マラソン」の名称で、後継の大会が開催されている。

近江大橋の近くに住む三十代の女性Iさん。いつも二十二時半頃に、パジャマに着替えストレッチをする。三十分掛けて体をほぐして、二十三時には眠る。寝付きもよく、朝までぐっすり眠って、夢はあまり見ない。

三月のとある土曜日に、友だちに誘われて朝早くから金糞岳へ雪山登山に行った。金糞岳《かなくそだけ》は滋賀で二番目に高い山で、雪景色はきれいだった。温泉に入って、家に帰ってきたら二十三時を回っていた。その日は疲れていたのでそのまま眠ったという。

Ｉさんが寝ていると、部屋の中に、青色の揃いのジャージを着た人が五、六名、いきなり入ってきた。男性もいれば女性もいる。

「それじゃあ、運ぶよー」

「落とさないように、気をつけてー」

そう声をかけながら、Ｉさんを布団ごと持ち上げて玄関から外へ出た。

Ｉさんは驚いて、起き上がろうとするが身体が動かない。声も上げられないのだ。

マンションの五階の部屋から布団ごと運ばれて、エレベーターに向かっているのがわかる。そのうちに掛け布団が落ちた。すると横にいた青色のジャージの男が、別の人間に声をかける。

「いいから、気にしないで。身体は落とさないように」

「はい、わかりました」

Ｉさんは仰向けのままエレベーターに乗せられた。一階に着いてマンションの玄関を出ると、目の前は道路だ。片側三車線の大通りである。

「ゆっくりゆっくり」

「気をつけて」

周囲にいる人たちが声を掛け合いながら、大通りの真ん中まで行くと、道路にIさんごと布団を置いた。仰向けのIさんの目の前には暗い空が広がっている。

「危ないから下がって下がって」

布団を運んできた青ジャージの人たちは、わらわらとその場を離れる。

（ちょっと待って！　ここは道路の真ん中じゃない。いつも車がビュンビュン走っているのに、車に轢かれてしまう！）

Iさん、どうしても体が動かず焦《あせ》った。車の進行方向に垂直になるよう、布団が置かれている。前輪で頭と足を同時に踏まれ、次は後輪で同じように踏まれるであろう。

（嫌だ。死んでしまう）

タッタッタッタッタタッタッタッタッタ——

（なんの音？）

地面が少し揺れている感覚がするが、何かが近づいてきている。

タッタッタッタッタタッタッタッタ——

大勢の足音だ。音が来る方向を見ようとするが、動かない。

ダッダッダッダッダダッダッダッダッダ――

足音が大きくなった。大勢の人が一斉に走ってきたのだ。そして、道路を横切るように置かれたIさんの体をどんどんと飛び越えていく。

（マラソンランナー？）

この道路は毎年三月、びわ湖毎日マラソンのコースになっている。

マラソンシューズが地面を蹴る音が聞こえていたのだ。

（あっ？　今日はマラソンの日だ。でもまだ暗いのに、マラソン始まっているの？）

自分の上を飛び越えていく人たちの姿を見ながら、わけがわからず混乱していると、その中の一人がIさんの足の小指を踏んでいった。

「痛い！」

大声をあげて飛び起きた。マンションの部屋のベッドの上で、全身にびっしょりと汗をかいていた。

「夢か？」

夢なのに、踏まれた小指が猛烈に痛い。見ると赤紫色に腫《は》れ上がっている。

整形外科へ行こうと足を引きずりつつマンションを出ると、目の前の通りをマラソンランナーが駆け抜けて行った。

車で病院へ行き、レントゲンを撮ると小指の骨は折れていた。医者から「何をしたんですか」と言われたが、昨夜の夢の中でマラソンランナーに踏まれたとは言えなかった。

完全に治るまで三ヶ月もかかったという。

あんな不思議な夢を見たのはこれ一回だけだそうだ。

願いは叶う？（長浜市）

琵琶湖には四つの島がある。一番小さいのが沖の白石《しらいし》で、島というよりも岩が水面より顔を出しているようである。それでも水面から見えている部分が二十メートルあり、このあたりの水深は八十メートルなので全長は百メートルもある。マンションだったら三十階程の高さなので、とんでもない大岩である。

次に大きいのが多景島《たけしま》。竹島ともいう。その昔、竹が多く生えていた。島全体が日蓮宗見塔寺の境内になっている。南妙法蓮華経というお題目が彫られている、題目岩と呼ばれる高さ十メートルの大岩があった。江戸時代、この寺を開いたお坊さんが、命綱にぶら下がりながら、三年の歳月をかけて彫ったと言われている。岩に風が当たると、まるで経を唱えているかのように聞こえたという。また、桜田門外の変で、彦根藩の井伊《いい》直弼《なおすけ》が暗殺された時には、お題目から血がにじみ出たという話もある。題目岩は長年風雨にさらされ、平成三十年八月、お題目の部分が崩れ落ち、琵琶湖の底に沈んでしまった。

多景島の次に大きいのが、竹生島《ちくぶしま》。一番大きいのが、沖島《おきしま》。沖ノ島ともいう。令和二年の国勢調査によると、沖島の人口は二百四十二人。周囲が約七キロ。淡水の湖に浮かぶ島に人々が暮らしているのは、世界的にも珍しい。


大阪に住む三十代の女性、ヒロミちゃん。高校の時の同級生、Lちゃん、Nちゃんと休みの日、竹生島へ遊びに行くことになった。長浜港から竹生島まで、船が出ている。

「それじゃあ、長浜まで電車で行って、黒壁スクエアでランチを食べようよ」

相談がまとまった。長浜駅で降りて、おしゃれなカフェでランチ。長浜港から船に乗って竹生島へ。琵琶湖の上を走る船。眺めがいい。風も気持ちいい。

「琵琶湖って大きいね」

竹生島に着いた。帰りの便が決まっているので、島に滞在できるのは七十分。

降りると、売店、お土産屋さんがあって、階段を登っていく。上へ上がると、ここから眺める琵琶湖の景色が素晴らしい。国宝の唐門がある。近年、改修されて創建当時の色に塗り直した。秀吉が好んだであろう派手な唐門。舟廊下を渡って、都久夫須麻《つくぶすま》神社。

「都久夫須麻神社って東北弁みたい」

先に進むと、竜神拝所がある。琵琶湖に突き出したところに鳥居があって、かわらけ投げができる。かわらけ、とは素焼きの皿で、それを鳥居に向けて投げるのだ。鳥居を潜れば願い事が叶うと言われている。本殿を参拝してから、

「かわらけ投げをしよう」

かわらけを買った。二枚セットで三百円。「厄除」の文字が彫られている。一枚目のかわらけに自分の名前を書いて、二枚目のかわらけには願い事を書く。

ヒロミちゃんはちょっと迷ってから「世界平和」と書いた。友だち二人をチラッと見ると、Lちゃんは「いい男が見つかりますように」。Nちゃんは「大儲け」と書いている。

ヒロミちゃんはクスッと笑った。かわらけにまだスペースが残っていたから、世界平和の隣に「彼氏がほしい」と付け足した。

いよいよ鳥居に向かってかわらけを投げる。「いい男が見つかりますように」と書いたLちゃん、ヤァーッと投げると、ビューッと飛んで行ったかわらけが鳥居を潜った。

「わあ、潜った潜った」

「すごーい」

「ひょっとして簡単じゃない？」

二枚目は外れた。「大儲け」と書いたNちゃんは二枚共外れた。結構難しい。

ヒロミちゃんの番。狙いを定めてヤァーッと投げた。かわらけは風に乗って真っ直ぐ飛んで行った。これは鳥居を潜ると思った。ところが鳥居の前で、かわらけが何かに当って跳ね返ると、そのまま落下した。まるで鳥居の前に透明なアクリル板でも立っているようだった。そんなものはない。

「あれ？」

「今、何かに当たった？」

「なんにもないのにね」

三人は不思議に思った。二枚目のかわらけを投げる。また鳥居の前で跳ね返されて、垂直に落下した。

Nちゃんが、苦笑いしながら、

「ヒロミの願いは叶いそうもないね」

と呟いた。帰りの船に乗ったが、モヤモヤした気持ちが晴れなかった。

その後、Lちゃんは願いが叶って、素敵な彼氏ができた。Nちゃんは大儲けすることもなく、それでも毎日楽しく過ごした。

ヒロミちゃんは、

「いつの日か世界が平和になって、ついでに彼氏ができたら嬉しい」

と言っている。また三人で旅行に行こうと相談しているそうだ。

夜は溺れる（彦根市）

彦根に住む二十代後半の男性、加藤君。当時、彼が大学生の時、同じ学科のS君という友だちができた。

S君は明るくて、いつもニコニコ笑っている優しい人で友だちも多い。サークルに入って、アルバイトも二つ掛け持ちしていた。いつも「寝る間もない」と言っているので心配すると、「大丈夫」だと笑っていた。

ある日曜日のこと。同じ学科の仲間たちと曽根沼《そねぬま》公園でバーベキューをした。さんざん飲み食いして楽しんだ。S君は家が近くだから、今度遊びに来いという。

後日、高島の地酒「不老泉」をぶら下げて遊びに行った。琵琶湖の畔にある借家、物はほとんどなく殺風景な部屋だ。

しかし、ベッドのすぐ横に膨らませた大きな浮き輪が一つと、枕元にシュノーケルセットが置かれている。

「泳ぎに行くの？」

「いや、そうじゃないけど」

「なんで浮き輪があるの？」

S君は曖昧《あいまい》に笑っている。しかし、S君は飲まないという。

持ってきた酒を勧めた。加藤君はなんだろうと思いながらもちゃぶ台の前に座ると、

「酒、飲めんかった？」

「そうじゃないけど、飲むと眠くなるから」

「眠くなったら、寝たらいいやん」

「寝るのは好きじゃない」

明け方近くまで、加藤君だけが飲んでいたが、S君はニコニコしながらバカ話に付き合っていた。

そんな風に、月に何度か「家に遊びに来い」とS君に誘われて、借家に行って一人飲んで明け方近くに帰る。そんなことが三ヶ月ほど続いた。いつ行ってもベッドの横にパンパンに膨らんだ浮き輪があって、枕元にシュノーケルセットが置いてある。

その日も加藤君はS君の借家に遊びに来ていた。

ここのところ、S君の顔色がとても悪い。それが気になっていた。

「S、悩みがあるんやったら言ってみろよ」

そう訊くと、S君は一瞬躊躇《ちゅうちょ》したものの、思い切ったように言い出した。

「……実は眠ってないんだ」

「は？　どうして」

S君はぼつぼつと話しだした。

この借家に引っ越してきてから、よく夢を見るようになった。それが、いつも溺れ死ぬ夢なのだという。しかも、この部屋で溺れるのだと。

「どういうこと？」

「寝ているとザブザブと水音がして、下から琵琶湖の水が上がってきて、部屋が水で満たされる。水族館のように、部屋の中を鮎やモロコ、バス、ブルーギル、琵琶湖の魚が泳いでいる。水中に沈んだ僕は呼吸ができなくて――あまりの苦しさにあがくのだけど水面に上がれなくて溺れ死ぬんだ。ここに浮き輪やシュノーケルセットを置いているんだけど使えなくて――溺れ死ぬんだ。眠ると溺れ死ぬんだ。苦しくて苦しくて。だから、眠りたくないんだ」

そう言ってうなだれた。冗談を言う奴じゃない。本気の表情だ。

「まさか。そんなことが」

「泊まっていくか」

「いや、止めておく」

S君が遊びに来いとしょっちゅう誘うのも、自分は飲まないのに明け方まで話に付き合うのは、眠りたくないからだったのか。

急に怖くなった加藤君は、悪いなと言いながら、逃げるよう帰ってしまった。

その後すぐに夏休みになり、加藤君は信州の高原野菜を収穫する長期のアルバイトに行った。時折S君が気になったが、気まずくなって以来、ラインも送っていない。

二学期が始まり、久しぶりに彦根に帰ってきた。学校でS君の姿が見えない。どうやら大学を辞めてしまったらしい。ラインを送ったが既読にはならなかった。

ひょっとして部屋で溺れ死んだのか。まさかと思いながら借家を訪ねたが、引っ越してしまっていた。

それから数年経つが、S君が今、どこでどう暮らしているのか、生きているのか死んでいるのかも、わからないそうだ。

手首の怪談

マキノに住む二十代の男性、宮本君の話。

十二月のある日、奥琵琶湖へバス釣りに出掛けた宮本君は、すぐに二十センチのバスを釣りあげた。

幸先がいいと喜んだが、それから二時間、場所を変えてもルアーを変えても掠《かす》ることすらなく、全く釣れなかった。最後の一投、これで釣れなかったら今日はもう帰ろう。そう思ってルアーを投げ入れ、リールを巻いていると、グッと重くなった。

バスかと思って喜んだが、手応えがない。ゴミが引っかかったのだろうと気落ちしながら引き上げたのは——。

手首だった。

手袋かと思ったがその指先には爪が光っている。左手首だ。びっくりしたがマネキンの手首かと思い、ルアーから外すためにつかんだ。

ビクビクッ、ビクビクッ
「うわっ！」

掴んだ手首を堤防に落とした。足元に転がる手首から目を離せず、宮本君はその場に固まった。手首はふと、細かく震えたかと思うと、五本の指を器用に動かして堤防の端まで動いていった。

そして、ボチャン、と湖に落ちた。

我に返った宮本君はあわてて堤防から琵琶湖をのぞき込むと、ゆっくり沈んでいく手首が目に映った。それは、手を振っているように見えたそうだ。


こんな話もある。

南草津に住む四十代の男性で、西川さん。十二月のある寒い晩、残業帰りで遅くなった。電車通勤の西川さんは南草津駅から家までは歩いている。

途中、赤信号になり足を止めた。周囲に歩いている人はいない。

見るともなしに見た歩道の隅に、何かが落ちていた。

手袋だ。

八歳の長男が先日の週末、公園で手袋を片方失くして帰ってきたのを思い出した。どこで失くしたのかもわからないという。

翌朝、西川さんが駅まで歩く途中、手袋が落ちていないかと公園に立ち寄った。すると金網の柵に息子の手袋が引っかけてあった。誰かが見つけやすいように、わざわざそうしてくれたのだろう。

一週間前のそのことを思い出し、西川さんは落ちている手袋を歩道のフェンスに引っかけておいてあげよう、と思いついたのだ。

黄土色の婦人物の手袋。

拾い上げようと触れて、ぎょっとして手を引っ込めた。

「これはなんだ?」

人間の手首だ。よくできているなあ、と思った。改めて少し指で触れてみた。

シリコンで作ったのか、手触りも本物そっくりの左手だ。

五本の指の先には爪があり、手の甲はつるりとしている。手首の先は丸い断面になっている。自分の手より少し小さい。体温があれば本物だ。何に使うんだろう。

変なものが落ちていると思っていると、急にその指が細かく揺れた。

ビクビクッ、ビクビクッ

「ギャッ」

腰を抜かすほど驚いて、ちょうど信号が変わったところを走ってわたり、家に駆けこんだ。

翌朝、西川さんは信号のあたりを見回したが、手首はなくなっていた。

ひょっとすると落とし主が気付いて持ち帰ったのか。あるいは、手首自らどこかへ移動したのか。——そんな風に思ったそうだ。

こんな話もある。

虎姫に住んでいる五十代の男性、北村さん。小学生の頃のことだ。

冬の季節。自宅に柿の木がたくさん植えてあった。夏は葉が茂り、秋には食べきれないほどの実が採れる。冬には枝だけになってしまうのだが、その枝にトカゲやカエルが突き刺さっている。何か恐ろしいことが起きているに違いないと思ったが、学校の先生が「モズの早贄《はやにえ》」と教えてくれた。

モズという鳥は、冬になるとトカゲやカエルを捕まえて、枝に突き刺す。どういう理由でそんなことをするのか、まだはっきりわかっていない。一説によると、冬に食料が少なくなるので、捕れる時に捕っておいて保存食にしているとも言われる。しかし、春になっても残っていることがあるので本当かどうかはわからない。

枝に刺さった早贄の位置が低いと雪が少なく、早贄の位置が高いと大雪が積もると、先生が教えてくれた。

北村さんの家には柿の木が何本もあったので、モズの早贄もたくさんあった。

「カエルだ」

干からびたカエルが、逆さまになって、枝に突き刺さっている。

「あっちにはトカゲだ」

あちこち見ていると、見慣れぬものが刺さっていた。目を凝らして見て、ハッと気が付いた。

人間の指だ。

人差し指か中指か、大人の長い指だ。爪も見える。少し干からびているようだ。

指先を天に向けて、枝の先に突き刺さっている。

ビクビクッ、ビクビクッ
急にそれが動いた。

北村さんは「うわあっ」と声を上げると、そのまま家の中に飛び込んだ。

恐ろしくなって、このことは誰にも話さなかった。

翌日、恐る恐る柿の木を見ると、指は無くなっていた。モズが食べたのか、あるいは、指が尺取り虫のようになって、どこかへ移動したのか——そう思ったそうだ。

ネチャネチャ（草津市）

納豆を日本で最初に食べたのは誰か。「聖徳太子だ」「いや、八幡太郎義家だ」「そうじゃない、加藤清正だ」と諸説あり。

聖徳太子はとりわけ滋賀を愛した人物である。大阪の四天王寺、奈良の法隆寺を建立し、大阪、奈良のイメージが強いが、実際、聖徳太子が建立した寺が一番多いのは滋賀である。

聖徳太子が石馬寺に滞在していた。馬に乗って百済寺へ行く途中、横溝で休憩をし、馬に餌の煮豆を与えた。ところが、馬がエサを残してしまった。「もったいない」と聖徳太子は残ったエサを藁の中に保存して、百済寺へ向かった。百済寺で二、三日滞在し、石馬寺へ帰る途中、また横溝へ立ち寄った。保存しておいた煮豆を取り出すと、藁の中はぬくとい（暖かい）から、煮豆にカビのようなものが生えていた。練ってみると糸を引く。食べると旨い。これが納豆の誕生。横溝の方々に納豆作りを教えたという。

大阪に住む三十代の女性、Gさん。二泊三日の出張で滋賀にやってきた。草津のホテルに滞在する。近くに回転寿司屋があったから、「ここで晩ご飯を食べよう」と、席に座る。レーンの上を流れてきたのが納豆の軍艦巻きだ。

Gさん、納豆が大嫌いだった。これまで一度も食べたことがない。においも嫌だし、糸を引いて、見ているだけで気持ち悪い。

納豆は見ないようにして、八皿ほど食べ、お腹が一杯になった。満足してホテルへ帰り、シャワーを浴びて寝た。

翌朝、目を覚まして、何気なく髪をかき上げて驚いた。手のひらがネチャネチャネチャネチャしている。両手とも、指と指の間に糸を引いている。

（なんだこれは。蜘蛛の糸か？）

非常に強い粘り気のある白濁したもの――まるで両手で納豆をかき混ぜたかのようだ。悪臭が漂っている。納豆のにおいじゃない。もっと強烈な鮒ずしのような、とんでもない腐臭。ウワッと叫んで洗面所へ走った。

石鹸でゴシゴシと手を洗う。髪の毛をかきあげたものだから、髪の毛もネチャネチャに固まっている。シャワーを浴びた。

シャワールームから出て、ベッドや天井を見たが、別段変わったことはない。

「なんだったんだ？」

頭をひねりながらその日の仕事に出掛けた。夕方、仕事を終え、この日は蕎麦屋で軽く酒を飲んだ。いい気持ちで、部屋に帰ってきて、シャワーを浴びて寝た。

翌朝、目を覚まして、またも手に違和感を覚える。

ネチャネチャネチャネチャネチャ――

「何これ？　いったいなんなの」

顔をそむけた。手から異様な臭気が漂ってくる。

精一杯手を伸ばし、臭いを嗅がないようにして洗面台へ駆け込み、石鹸《せっけん》で何度も手を洗う。

早々に荷造りをすると部屋を飛び出した。

チェックアウトする時、フロントの女性に、

「あの部屋、起きたら手がネチャネチャネチャネチャになっているんですよ」

そう言おうとしたが、変な風に思われるかと思ってやめた。

このホテルには二度と泊まらないと心に誓って、大阪へ帰った。

皮膚科に行って、手を見てもらったけど、原因はわからなかった。それ以降、手がネチャネチャになることはなかったそうだ。

湖南の猫（湖南市）

琵琶湖の南にあるから湖南《こなん》。以前、湖南市の公式サイトには「名探偵はいませんが、湖南です」というキャッチコピーが掲載されたこともある。湖南市のゆるキャラはこにゃん。猫のキャラクターだ。

猫といえば、こんな話がある。

石部に住む三十代の男性、T君。彼が小学五年の時、両親が離婚した。

T君は父が引き取ることになり、当時住んでいた大阪から、父の実家がある石部《いしべ》に引っ越してきた。

実家では祖母が一人で住んでいた。祖母と父とT君の三人暮らしが始まった。

和室に大きな仏壇があり、先祖の位牌が祀《まつ》ってある。

祖母が、「仏壇にお供えして」と、炊きたてのご飯をT君に渡す。

「ああ」

返事をして仏壇へ持って行き、ご飯をお供えする。形だけ手を合わす。

仏壇には祖父が大好きだった丁稚羊羹《でっちようかん》が一切れ、小皿に乗っている。――丁稚羊羹は、郷土料理で「滋賀の食文化財」に選出されている。

通常の羊羹と違い、テングサの代わりに小麦粉を練り込んでいる。滋賀は海がないので、寒天の原料となるテングサが手に入りにくい。そこで小麦粉を練り込んだそうだ。竹の皮に包んであって、素朴な味わいの丁稚羊羹。


次の日も祖母はT君にご飯を渡しながら言った。

「お供えして。そうそう。丁稚羊羹、食べたらあかんで」

「食べへんよ」

お菓子は好きだが丁稚羊羹はそれほど好きでもない。

時々、丁稚羊羹がなくなるという。

「俺とちゃうで」

T君は怒った口調で言った。祖母はボケているのかなと思った。

夏休みのある日のこと。

外から帰ってきたT君は、黙ってこっそり家に入った。祖母を驚かしてやろうと思ったのだ。廊下をソーッと歩く。和室の襖《ふすま》が細めに開いている。覗いてみると、祖母は畳の上で昼寝をしていた。

ふと動く影を見て仏壇の方に視線を移すと、茶色の猫がいた。時々、庭で見かける野良猫だ。太っていて、他の猫よりも図体が大きい。窓が開いているから、庭から勝手に入ったのだろう。

しかし、四足の猫の姿ではない。

仏壇の前に二本足で立ちあがり、祖父の遺影を食い入るように見ている。その姿は心なしかいつもより大きく見える。やがて小皿に顔を近付けると、乗っていた丁稚羊羹を一口で食べた。

「アッ」

T君は息を呑んだ。その瞬間、猫はビクッと体を震わし、ゆっくりゆっくり後ろを振り返った。そしてT君の顔をジッと見ると――。

「オレトチャウデ」

声を出した。呆気に取られているT君から視線を逸らすと四足になり、開いている窓からピョンと庭へ飛んで、どこかへ姿を消した。

T君はあまりの驚きにドタッと尻もちをついた。その音で祖母が目を覚ました。仏壇の丁稚羊羹がなくなっているのを目ざとく見つけ、声を荒げた。

「泥棒。親の顔が見たいわ」

「俺とちゃうで～」

泣きながら今見た猫の話をしたが、祖母は信用してくれなかった。それからも時折、丁稚羊羹はなくなった。

その後、庭を歩いている茶色の猫を何度か見かけたが、二度と言葉は喋らなかった。でも、いつもT君を見て、何か言いたげだったそうだ。

罠（野洲市）

滋賀県で一番有名な猫といえば「ひこにゃん」だろう。彦根のゆるキャラで赤い兜《かぶと》をかぶった可愛い白猫。実はひこにゃんには尻尾がない。

猫の尻尾にちなんだ不思議な話を聞いた。

野洲《やす》に住む二十代後半の男性、Aさん。

小学生の頃、母が知り合いから子猫をもらってきて、家で飼うことになった。白猫で名前はダッシュ。Aさんが大学三年生の時、ダッシュは十四歳で死んでしまった。

Aさんは大学卒業後、野洲の会社に就職した。それを機にマンションで一人暮らしを始めたという。

昨年の冬のこと。残業で遅くなり、二十三時頃にマンションに帰ってきた。八階建てのマンションの五階に住んでいる。

エレベーターが一階に止まっていたので中に乗りこんだ。扉が閉まって動き出す。五階に着く。扉が開く――いつもならそうだが、今日は扉が開かない。

こんなことは初めてだ。「開」のボタンを押してみた。開かないのでもう一度押す。やはり開かない。

「おかしいなあ」

全部のボタンを押す。動かない。

「故障かな？」

一旦、ボタンの位置から離れた。腰に手をやり、どうしたものか考える。

この時、頭の上でヒョイッと何かが動いた。

「ん？」

天井を見上げた。天井から生えるように、二十センチぐらいの白いフサフサしたもの。猫の尻尾のようなものがぶら下がり、ユラユラ動いている。

（尻尾か。猫の尻尾なのか。乗り込む時には気付かなかった。なんだ。ユラユラ動いている。可愛いなあ。どう見ても猫の尻尾だろう）

なぜか不思議にも思わず、手を伸ばした。この瞬間、頭に愛猫のダッシュの姿が浮かんだ。ダッシュと過ごした日々を思い出した。

（そういえば、ダッシュの尻尾は短かった。こんなに長くはなかったなあ……。待てよ。どうして尻尾だけが天井から垂れ下がっているんだ。これ、本当に猫の尻尾なのか。ありえない）

動悸が激しくなった。慌てて非常用ボタンを押した。すぐにエレベーターの管理会社に繋がって、男性のオペレーターが出た。

「どうされました？」

「あの」

その瞬間、ゴーーッと音がして扉が開いた。

「アッ、開きました。開きました。大丈夫です。開きました」

外へ出た。いつもの五階だ。ホッとした。

「あっ、尻尾は」

エレベーターの扉が閉まって、下へと降りていく。

（なんだったんだ）

またエレベーターに乗って、尻尾を確認しようかと思ったが、もう閉じ込められるのは嫌だ。そのまま部屋に帰った。

「あの尻尾、ユラユラ揺れていた。可愛いから、触りたくなって手を伸ばした。ひょっとしたら餌だったのかもしれない。魚が餌に食らいついて、口に針が刺さり、人間に釣り上げられるように、あの尻尾に触っていたら、何かに釣り上げられていたかもしれない。それが何かはわからないが。たまたまダッシュのことを思い出したから触らなかったが、触っていたら今頃、どうなっていたか」

今になって、そんなことを思うそうだ。

その後、エレベーターに閉じ込められることも、尻尾が現れることもなかった。

片輪車と親子（甲賀市）

江戸時代に菊岡沾涼《きくおかせんりょう》が記した『諸国里人談』。甲賀の妖怪として「片輪車《かたわぐるま》」が書かれている。どんな妖怪か。

寛文の頃（一六六一～一六七三）、甲賀のとある村。深夜に牛車がやってきた。ギィーギィーと車輪が軋《きし》る音。牛車には木製の車輪が付いている。ところが、この牛車は片輪だけで、引く牛がいない。ギィーギィーと音を立てながら、どこから来てどこへ行くのか、毎晩のように徘徊している。これを見た人は驚いて気を失ってしまう。村の人々は妖怪を恐れ、夜中に外へ出る者はいなくなった。

ある晩、一人の女房が片輪車を一度見てみたいと思い、ギィーギィーと音がした時、戸の隙間からソーッと覗いてみた。すると、牛車には美女が乗っていた。美女は牛車を止めて、「私を見るよりも、我が子を見よ」と言った。

女房には二歳の子がいて、大変可愛がっている。我が子は布団でスヤスヤ寝ているはずだ。布団をめくると我が子の姿がない。女房は嘆き悲しんで、

「罪科は我にこそあれ小車の　やるかたわかぬ子をばかくしそ」

片輪車を覗き見て、こどもから目を離した罪は私にある。こどもがいなくなって悲しい。そんな気持ちだろう。歌を詠んで、玄関に貼り付けておいた。

翌日、片輪車が現れて、「その方、優しい者であるな。こどもは返してやる」という。

布団を見れば、いつの間にかスヤスヤ眠っている我が子。片輪車はそのまま姿を消して、二度と現れることはなかったという。

これが江戸時代のお話。これから記すのは、平成にあったこと。

甲賀市に住むL子さんは、親子三人で一軒家に住んでいる。息子はD君、当時五歳だ。ある秋の晩のこと。夫は出張で家にいない。寝室でこどもと二人で寝ているのだが、夜中、L子さんはトイレに行きたくなって目を覚ました。

時計を見ると、午前二時過ぎだ。

布団から出て上着を羽織り、玄関脇のトイレに向かう。

玄関の右手にすりガラスの窓があり　外を通る車がぼんやりと映る。

ふと、赤い提灯が現れて、停まった。

（あっ、焼き芋屋だ）

咄嗟に思った。冬場は週に何度か家の近所に焼き芋屋がやってくる。「石焼き芋」と書かれた赤い提灯をぶら下げて、「い～し～や～き～いも。おいも」と、スピーカーから流れる音声――匂いも甦る。

我に返って苦笑した。夜中のこんな時間には来るはずがない。

用を足して寝室に戻る時、妙な音が聞こえてくることに気がついた。


ギギィイ～ギシ、ギィ～ギギ、ギィ～ヤァ、ヤァア～ギィイ～ギ～


ひっそりした廊下に、すりガラスの向こうから聞こえる。金属を擦るような低い声だ。

何を言っているのかわからない。停まったままの赤い提灯から目が離せない。

何やら焦げ臭い気もして、L子さんは外に出て見てみることにした。

玄関の鍵を開け、ドアをソッと開けかけた。

その瞬間、寝室からD君の泣き叫ぶ声した。

「ギャアアアーー」

驚いて、ドアと鍵を閉めると、すぐさま寝室へ戻る。D君が真っ赤な顔で、右手を振り回して泣いている。

「どうしたの？」

泣き叫ぶD君の右の手を見ると、手首まで真っ赤になっている。

「火傷《やけど》？　どうして――」

火傷の原因になるようなものは当然、寝室にはない。慌てて氷水で冷やしたが、D君は痛がってボロボロボロボロ涙を流して泣いている。

やがて泣きつかれたのか、スヤスヤ寝入りだした。

翌朝一番で病院へ連れて行こうと、玄関のドアを開けた時に、昨夜家の前に停まっていた提灯のことを思い出した。

病院では、D君を診察した医者にしつこく状況を聞かれた。

「結構な火傷ですね。何があったんかな。お母さんはどうしてたの。寝ている間に、勝手にこんなことにならないでしょう」

虐待を疑われているのか、何度も細かく訊かれるが、L子さんにしても、「わからないんです」と答えるしかない。

包帯をした我が子を見るのは辛い。火傷が治るまで二週間はかかった。

あの晩、家の前に停まっていたのはなんの車だったのか、わからない。

L子さんは当時を思い出しながら、

「後日、いつもの焼き芋屋さんが来た時、ふと思ったのは、あの熱した石の中に手を突っ込んだら、あんな風に火傷をするかもしれないってこと。でも寝室にそんな石はないし——」

片輪車と火傷の逸話、似て非なる話ではあるが、今でも妖怪は姿を変えて、生き続けているのかもしれない。

消えたこいのぼり（甲賀市）

高時川《たかときがわ》には、毎年、端午の節句が近付くと約四百五十四のこいのぼりが現れる。高月町雨森まちづくり委員会が主催となり、堤防沿いに竹を立て、県内外から寄贈されたこいのぼりを飾るのだ。

風を受け大空を泳ぐたくさんのこいのぼり。実に壮観である。

甲賀に住む四十代のQさん夫婦も寄贈した一人だ。

Qさん夫婦は、結婚してすぐに男の子が生まれた。R君。Qさんの両親も大層喜んだ。年が明けて四月。Qさんの両親が大きなこいのぼりを買ってくれた。庭に銀のポールを立て、こいのぼりを飾った。

一番上が五色の吹き流し。次は真っ黒の真鯉。お父さん鯉。鱗一枚一枚が大きくて、ギョロリとした目玉で背中には金太郎が乗っている。赤い緋鯉はお母さん鯉。一番下が青色の子鯉である。

近年は、大きなこいのぼりを飾る家も少なくなってきたので、近所でも評判となっていた。

R君が三歳になった時、病気が見つかった。

家族はできる限りのことをして、お医者さんも最善を尽くしてくれた。闘病生活は四年続いたが、ある冬の寒い日にR君は亡くなった。

四十九日が過ぎて、端午の節句が近付いてきた。こどもの成長を願って飾られるこいのぼりだが、こどもはもういない。

「今年はどうしよう」

そう言うご主人に、奥さんは答えた。

「飾りましょう」

二人で庭にポールを立て、去年と同じようにこいのぼりを飾った。

三匹が泳いでいる姿を見て、夫婦は涙を流した。

五月中頃になり、「そろそろ、片付けましょうか」と夫婦でこいのぼりを片付けていた。

こいのぼりの端と端を持って、真ん中から畳んでいく。五色の吹き流し、真鯉、緋鯉を畳み終えた。子鯉を片付けようと奥さんがロープから外した時、突然、激しい風が二人を吹き付けた。舞い上がった砂ぼこりが目に入り、思わず子鯉から手を離した。しゃがんで目を押さえる。

「痛っ」涙が出た。しばらくして風が止み、そろそろと目を開けた。

ご主人が「おい！」と、空を指さしている。

五月晴れの青空の中、子鯉がフワリフワリと空を飛んでいた。

チラリと二人に顔を向けたような気がしたが、やがて、らせん状に旋回しながらゆっくりと上空へ昇っていくと、そのまま消えた。

二人はあっけにとられて、しばらく空を見続けていた。

その後、どこかに子鯉が落ちていないか、あちこち探したが見つからなかったそうだ。

「今でも、どこかの空を自由に飛んでいるんじゃないか」

そんな気がすると微笑んでいた。

残った五色の吹き流しと真鯉、緋鯉は寄贈した。

Qさん夫婦は毎年、高時川のこいのぼりを楽しみにしている。

降ってきた（甲賀市）

オタマジャクシの語源は、多賀大社の杓子だ。昔から「お多賀さん」の名で親しまれている神仏霊場近江國一番、多賀大社には、杓子のお守りがある。これをお多賀杓子という。蛙の幼生がお多賀杓子そっくりだ。お多賀杓子がいつしか訛って、オタマジャクシになった。

そのオタマジャクシが空から降ってきたことがある。

平成二十一年のオタマジャクシ騒動が有名だ。なぜか、日本全国でオタマジャクシが空から降ってきたのだ。原因はいまだ不明だが、諸説ある。上空を飛ぶサギ、カワウ、カラスなどの鳥が吐き出した。あるいは、突風や竜巻が起きて田んぼのオタマジャクシを空へ巻き上げた。他には、誰かのいたずらという説もある。

平成二十三年に、彦根市のＪＲ河瀬駅前で、五十代の会社員が「ボトボト」という音を聞き、アスファルトの道路を見ると、オタマジャクシの死骸が二十四ほどあった。駅前だから、周囲に池や田んぼはない。不思議に思ったそうだ。

甲賀に住む会社員、Ｕちゃん。二十代の女性で、好きなものはダム。嫌いなものは蛙。

「南湖さん。私、ダムマニアなんです」

「ダムマニア？」

「ええ。ダムが好きなんです。休みの日にダムを見に行って、ダムカードも集めているんです」

「ダムカード？」

「これなんです」と見せてもらったのは、トレーディングカードと同じサイズで、表面にダムの写真、裏面にはダムの大きさ、型式や総貯水容量、管理者などの様々な情報が書かれている。ダムの管理事務所で無料配布していて、これを集めているという。

「あたしの推しダムは――」

「推しダムなんてあるの？」

「青土《おおづち》ダムかなあ」

Uちゃんが桜の季節に母親とドライブをした。

鮎河の千本桜が有名で、千本桜の名前の通り、数え切れないほどの桜の木があった。

近場でありながら、初めて訪れた。

近くにあったのが土山の青土ダム。湖畔には「青土ダムエコーバレイ」というキャンプ場もある。

Uちゃん、間近でダムを見たのはその時が初めてだった。その、とてつもない大きさに感動した。コンクリートが美しい。どれだけのお金と人員と日数を掛けて作られたのだろうかと想像するとドキドキする。

ダムの水を下流へ放流する設備を洪水吐というのだが、青土ダムの洪水吐は独特で、半円の形が二個並んでいて、水が吸い込まれるように落ちていく。

ダムの底は深くて、何が沈んでいるかわからない。世の中のきれいな物、汚い物を全部飲み込んでいるようだった。

見ていて飽きることがなく、すっかりダムの魅力に取り憑かれた。

六月半ば、有休をとって一人、平日に青土ダムへ出掛けた。

前回、母と訪れた時は、ダムカードの存在を知らなかった。後で調べて、ぜひ欲しいと思い、今回はそれを手に入れるのが目的だった。

ガラガラの駐車場に車を停め、外に出ようとした時。

ダッダッ、ダッダッダッダッ、ダッダッ、ダッダッ
ボンネットに細かく何かが当たり続ける音がした。雹でも降ってきたのか？　と外に出てボンネットを見てみた。

白い愛車のボンネットの上に、黒いブヨブヨとした塊がいくつもある。顔を近づけて
「やだっ！」と後ずさった。

小さなオタマジャクシだ。十四以上いる。高いところから落ちてきたからか、半ば潰れてようになって、ほぼ死んでいる。

空を見上げるが、雲一つない。車を停めた場所も周囲にはなにもない。

ハンドタオルを取り出すと、恐る恐るボンネットの上から、オタマジャクシを地面へ

と払い落とした。さっきまで水の中にいたように、ヌメヌメしている。

気持ち悪さに顔をしかめながら公衆トイレに向かうと、タオルを洗って絞った。

車に戻ろうとすると、背後で妙な音がしたのでふり向いた。

背後のアスファルトの上に、オタマジャクシの死骸が二、三十匹ほど転がっている。

顔が引きつる。いったいどこから？　さっきまで何もなかったのに。

急いで管理事務所に向かって歩いた。

ビチャビチャビチャビチャビチャビチャビチャビチャビチャ――

なんの音？　立ち止まった目の前がいきなり暗くなり、何かが降ってきた。

それは、大きなオタマジャクシをたくさん入れたバケツを目の前でぶちまけられたようだった。

足元には、生きているオタマジャクシが大量に蠢いている。

「やだー!!」

Uちゃんは叫んだが、あたりには誰もいない。もう少し歩くのが速かったら、頭にかぶっていた。何かに狙われているんじゃないか――。

慌てて車に乗って、家に帰った。

数ヶ月後。再び青土ダムへ向かった。どうしてもダムカードが欲しかった。
運転しながら「蛙が百匹降ってきたらどうしよう」とずっと考えていた。
オタマジャクシがすっかり蛙になった季節である。Uちゃんは蛙が大嫌いなのだ。
駐車場に車を停め、恐る恐る上空を確かめながら外へ出た。
オタマジャクシも蛙も降ってこなかった。
結局、なんでオタマジャクシが降ってきたのか、わからないままだという。

爺ちゃんとコスモス（守山市）

守山に住む三十代の女性でハルさん。夫と娘の三人暮らし。娘は三歳のなっちゃん。共働きで子育てをしている。ハルさんの両親が住む実家は同じ市内にあって、車で十五分ぐらいである。

ハルさんはこどもが生まれる前、両親のことを「お父さん、お母さん」と呼んでいたが、なっちゃんが生まれてからは「爺ちゃん、婆ちゃん」と呼ぶようになった。

爺ちゃん、婆ちゃんにとっては初孫だ。

爺ちゃんは六十代の後半で、長年勤めていた会社を定年退職した。

そんな頃に病気が見つかった。膵臓癌《すいぞうがん》だった。

このまま何もしないと余命半年だという。ハルさんは涙が止まらなかった。

泣いているハルさんを爺ちゃんが励ましてくれた。

「ハル。元気出しや。きっとよくなるから」

これではどっちが病気だかわからない。

爺ちゃんは前向きに治療を始めた。ハルさんが顔を出すと、いつも笑顔で接してくれるが、それでも放射線治療はきついようで、時折しんどそうにしていた。

体調のいい時には、笑顔で明るく暮らして、病人には見えない。いつも通りドライブをしたり、買い物に行く。近所を散歩していた。

お医者さんから言われた余命半年。その半年が過ぎてやがて一年。

なっちゃんは四歳になった。

爺ちゃんの友だちで、兼業農家をしている方がいる。近頃、田んぼを止めてしまって休耕田があると聞いて、爺ちゃんはコスモス畑にしようと言い出した。

「田んぼ一面にコスモスの種を蒔いて、きれいに咲いたコスモスをなっちゃんに見せたい。なっちゃんだけやない。ハルにも婆ちゃんにも、地域の人にも見てもらいたい」

爺ちゃんは体が元気な日を選んで、田んぼに出かけると、コスモスを咲かせるために世話をしていた。

これが七月上旬のこと。コスモスは約三ヶ月で花が咲く。

十月の上旬。ハルさんとなっちゃん、爺ちゃん、婆ちゃんの四人でコスモス畑を見に行った。

あたり一面にきれいなコスモスが咲いている。ピンク色、紫色、赤色。色とりどり。

なっちゃんは、

「コスモス、コスモス」

と言って飛び跳ねている。爺ちゃんは笑顔で、「いい人生や」と言い、なっちゃんも真似をして「いい人生や」と言って笑った。

ハルさんはこのままよくなるんじゃないかと思った。

コスモス畑は地域の方々にも評判がよかった。

「ぜひ来年も続けてほしい」

という声にこたえた次の年、なっちゃんは五歳になり、コスモス畑は去年の三倍の大きさになった。

十月上旬には周囲一面にコスモスが咲いている。実に美しい。

来年はさらにコスモス畑を広げよう、という計画になった年が明けてから、爺ちゃんの体調が悪くなってきた。

「なっちゃんが小学生になるまでは生きる」

そう爺ちゃんは言っていた。

地域の方々も手伝ってくれて、去年よりも大きなコスモス畑になった。

七月上旬。爺ちゃんは、婆ちゃん、ハルさん、なっちゃん、近所の方と一緒に種を蒔いた。

次の日、爺ちゃんは体調を崩して入院した。ハルさんが面会に行くたびに、

「コスモスはどうなっている」

いつも心配していた。

「何も心配することないよ。十月になったら今年も咲くよ」

「家に帰りたい」

退院できるような状態ではない。

なっちゃんは六歳になった。早いけれども爺ちゃんがランドセルを買ってくれた。

なっちゃんはランドセルを背負って病院に行った。

九月上旬。爺ちゃんは眠るように亡くなった。

慌ただしくお葬式を済ませ、初七日を終えた頃、なっちゃんが小さな声で言った。

「コスモス、見に行きたい」

ハルさんが「なんで？」と問うと、爺ちゃんが「コスモス、もう咲いたんとちゃうか」と言っていたから見に行かないといけないという。

「まだ咲いてないよ。あと一ヶ月かなあ」

それでも見に行きたい、と泣きそうな顔で訴える。

「うん。行こうか」

二人で見に行くと、コスモスがは青々と大きく成長しているが、やはり花が咲くどころか、まだつぼみもできていない。

「コスモス、一本持って帰る」

「なんで。まだつぼみも小さいし、なかなか咲いてへんで」

「爺ちゃんに見せんねん」

青いつぼみのコスモスを一本摘ませてもらうと、大事に持ち帰った。家に帰るとなっちゃんはそれを仏壇に供えた。

「爺ちゃん、コスモスまだ咲いてへんわ。あと一ヶ月かなあ」

母親が言っていたように口真似すると、手を合わせる。

「なっちゃん、手を洗ってないでしょ。外から帰ってきたら、まず手を洗いや」

台所から母親が声をかけ、なっちゃんは「はーい」と声を上げると洗面所に向かった。

そして、洗面所から出てきたなっちゃんが、

「ママー。ママー」

と声を上げた。

「なっちゃん、どうしたん？」

ハルさんがなっちゃんが声を上げるところへ行くと、なっちゃんが、

「ちょっと来てー」

「ほら」

と仏壇を指さしている。

さっきお供えした小さなつぼみのコスモスが、ピンク色の花を咲かせていた。

高校ラグビー（近江八幡市）

滋賀から高校野球の優勝校はまだ出ていない。近畿勢で優勝したことがないのは、滋賀だけだ。令和四年は近江高校が非常に惜しかった。同様に、高校ラグビーも残念ながら、滋賀から優勝校は出ていない。

近江八幡に住む四十代の男性、ノダさん。

二十年以上前のこと。ノダさんは当時、高校二年生。クラスで一番背が高く、ラグビー部に入っており、毎日練習に励んでいた。グラウンドの向こうには山が連なっており、秋色に染まっている。ランニングでは学校を出て、田んぼの中の一本道を走っていく。ラグビー部に入ってから、何度も何度も走っている道だ。田んぼではもう稲刈りが終わり、青々としたヒコバエが伸びている。

（県予選、絶対勝つぞ）そんなことを考えながら、前を走っていたユウジを抜いて、学校へ戻った。

ノノムラユウジが亡くなったと聞いたのは、翌日だ。四時間目、先生が授業の途中に、職員室へ行って戻ってこなかった。そのまま自習となり、ノダさんは弁当を食べ始めた。この時、チラッとユウジの机を見た。珍しく、ユウジが休んでいた。

（何してんねん。来週、試合やぞ）と心の中で思った。その時、誰かに心臓を握られているような、嫌な気分になった。

しばらくしてから、担任の五十代の女性の先生が、涙を流しながら教室に入ってきた。

「ノノムラ君が――ノノムラ君が――」

そのうちに何かを察したのか、泣き始める女子生徒もいた。ノダさんはなぜだかわからないが、言葉が出ていた。

「ユウジが死んだんか」

ユウジは、その日の朝、いつも通りに家を出ると、高校に行く途中、一番高いマンションの屋上まで行って、そこから飛び降りたのだという。屋上に行くにはエレベーターで最上階まで行って、そこから階段を上がって鉄の扉を開けなければならない。扉に鍵はかかっていなかった。遺書はなかった。

先生に呼び出され、なぜ「ユウジが死んだんか」とわかったのかと理由を聞かれたが「なんとなくそんな気がしただけだ。今朝、ユウジの机を見て嫌な気持ちがしたこと、先生が泣いているのを見て、直感的にユウジが死んだと思った」と答えたが、先生には理解してもらえなかった。

「ユウジは悩んでいたか？」とも聞かれたが、誰だって悩みぐらいはあるだろう。でも、マンションの屋上から飛び降りるほどの悩みがあったのかどうかはわからない。

ユウジのお通夜、葬式には行ったが、ユウジのお母さんが狂ったように泣き叫んでおり、その場にいることができず、ユウジの顔を見ずに帰ってしまった。

それ以降、眠れなくなった。ウツラウツラしたかと思えば、マンションから自分が飛び降りる夢を見て、ギャッと声を出して跳ね起きる。

学校は三日間休んだ。四日目、教室に入らずに、ラグビー部の部室に向かった。鉄の扉を開けて中に入る。部屋は真っ暗だ。扉から差し込む光。影がユラッと動いた。

「ユウジ」

返事はない。ベンチに腰を掛け、

「ユウジ、出てこいよ」

ユウジに聞こえるように、わざと大きな声で言った。

ガタッ。

後ろで音がした。なんだろうと寄ってみると、床にヘッドギアが落ちていた。拾い上げるとユウジのヘッドギアだった。

落ち着かない日々の中、皇子山《おうじやま》陸上競技場でラグビーの試合があった。滋賀県予選だ。全国大会出場を目標に、毎日練習を重ねていたのだ。だけど、今は「絶対勝つぞ」という気持ちがどこかへ行ってしまった。頭の中が常にぼんやりしている。

「ノダ」

急に声をかけられて、ビクッとした。チームメイトのナカムラだ。

「おい、どうした？　集中しろよ。大事な試合やで」

試合寸前の練習が始まった。いつもは緊張しないのに、今日は体が固い。

無理はない。ここ一週間、ほとんど寝ていないし、頭がクラクラする。

ナカムラが「それっ」とノダさんにラグビーボールを投げた。ラグビーボールは物凄い勢いで回転しながら飛んでくる。真正面だ。楽々キャッチした。

モサッ
いつもならパンッと受け止めるのだが、なぜか手ごたえが違う。手元を見た。見れば抱き留めたそれはラグビーボールではなった。

人間の頭――生首だ。

ラグビーボールよりずっしり重く、髪の毛がゴワゴワしている。

別段、驚かなかった。ラグビーボールが生首のように見える、そういうこともあるだろうと思った。

手前にスパッと切断された首の部分が上にあって、血まみれの肉や骨が見えている。

頭頂部が下にあり、ノダさんは両手で生首の耳のあたりを持っている。

急に怒りが込み上げてきた。

「ユウジ。なんで死んだ？　なあ、教えてくれよ」

生首を両手で半回転させるようにクルッと回して、顔の正面を見た。

真っ白い顔の額には深いしわがあり、片目が潰れている。真っ白。どす黒く歪んだ口からは紫色の舌がダラリと出ている。見たこともない中年男性の生首だ。

その口からなんとも言えない腐臭がした。

「誰やねん!!」

叫びながら、生首を軽く浮かせると、右足で思いっきり蹴り上げた。

生首は空高く上がって、ゆっくりと放物線を描くように落下する。地面に落ちた時には生首ではなく、ラグビーボールに戻っていた。

試合は負けた。それからもノダさんは、あまり眠れない日々を過ごしたが、高校を卒業する頃には、ようやく眠れるようになっていた。

あの時のおっさんは誰なのか、いまだにさっぱりわからないそうだ。

マヨネーズ奇譚（草津市）

愛荘町《あいしょうちょう》に某有名企業の醸造の工場がある。ここではビネガー（酢）を作っている。ビネガーは発酵調味料で、マヨネーズの原料にもなる。

マヨネーズにちなんだ奇妙な話がある。

南草津に住む四十代の男性、会社員の中村さん。マンションで一人暮らしをしている。自炊はほとんどしないので、冷蔵庫もそれほど大きくない。中に入っているのは缶ビール、チューハイ、納豆、いつ買ったか忘れたチーズ、乾き物のスルメも、なぜか冷蔵庫に入れてある。

台所にマヨネーズが出ていた。三百五十グラムのなで肩の容器に入っている普通のマヨネーズ。いつも冷蔵庫のドアポケットに入っている。

「あれ?」と思った。なんで台所に出ているのか。昨晩のあて(肴)はサバ缶だからマヨネーズは使っていない。

近頃、物忘れが増えてきた。ゴミの日なのに出すのを忘れたり、曜日を勘違いしてゴミを持って行ったり。そんなことが、たびたびある。

しかしマヨネーズは使っていない。手にとってみると賞味期限は半年前に切れていたが、「まだいけるだろう」と冷蔵庫に入れた。

電車通勤の中村さんが、南草津駅に向かう途中のこと。道端にマヨネーズの容器が落ちており、どうしても目が離せなくなった。

しばし立ち止まって見つめる。誰かに踏まれたのだろう、マヨネーズが道路にニュルニュルニュルと飛び出している。赤いキャップはどこにもない。

「マヨネーズだ」つぶやくと、横目で見ながら歩き出す。駅前のコンビニの前を通るとすぐに目についた。入り口にマヨネーズが落ちている。今度は弁当についている小分けパックの小さなマヨネーズだ。「またマヨネーズだ」

通勤電車は結構混んでいるのだが、吊り革につかまってスマホの画面を見ていた。

チラッと隣に立つ女性の手元のスマホが目に入った。二十代の若い女性で、友だちとラインをしているのか、画面を叩くような激しい勢いで文字を打ち込んでいる。その長い髪の毛の先に、なぜかベッタリとクリーム色の何かが付いている。

「マヨネーズか」と、どうして気が付かないのか頭をひねりながら大津駅に着いた。

ホームへ降りて改札を出る前、急に催してトイレに向かった。

バタバタと入った便器の上に、二百グラムの小さい容器のマヨネーズがちょこんと置いてあった。

中村さんは急になにやらうすら寒い気持ちになり、トイレを出ると会社に電話をした。

「体調が悪いので今日は休みます」

そうして再び電車に乗って家路を急いだ。

駅を出てコンビニの前、行きしなに落ちていたマヨネーズは片付けられたのか無くなっていた。道路にニュルニュルと飛び出していたマヨネーズも消えて無くなっていた。

家に帰り冷蔵庫を開けると、マヨネーズが無かった。

中村さんは冷蔵庫に向かって「なんやそれ」とツッコんだそうだ。

私もこの話を聞いて「なんやそれ」と言った。
しかしなんとも奇妙な出来事だったそうだ。

茶人の釜（彦根市）

日本茶の発祥地は滋賀県だという。最澄が唐から持ち帰った茶の種を比叡山の麓に植えたのが始まりと言われている。滋賀で有名なお茶といえば、滋賀県一の生産量を誇る土山茶。日本五大銘茶の一つ、信楽の朝宮茶《あさみやちゃ》。石田三成が秀吉に出した政所茶《まんどころちゃ》である。

長浜駅前には「秀吉公と石田三成公　出逢いの像」がある。

三成は当時まだ少年で、名前は佐吉。観音寺で修行をしていた。丁度、鷹狩にきた秀吉が観音寺に立ち寄った。「喉が渇いた」という秀吉に、佐吉少年は大きな茶碗にぬるい茶をなみなみと入れて差し出した。秀吉は一息で飲み干す。すぐさま佐吉は、中ぐらいの茶碗に、先程より少し熱い茶を入れて差し出した。秀吉は味わって飲む。今度は小さな茶碗に、熱くて濃い茶を入れて差し出した。秀吉、茶を二杯飲んだから喉の乾きも癒えている。ここで初めて観音寺の庭の美しさに気がついた。景色を眺め、茶の香りを楽しみながら、ゆっくり味わった。この逸話が像になっている。

また彦根藩主、井伊直弼も茶人であり、「茶の湯の極意は一期一会である」と書物に記している。滋賀と茶は縁深いところなのだ。


彦根に住んでいる二十代の女性、Yさんは、裏千家の茶道教室に通っている。映画『日日是好日』を見て、これまで知らなかった茶道に興味を持ち、稽古に通うようになったそうだ。

初めて稽古に行ったのは秋の初め。和菓子が出た。銘は「竜田」。紅葉の形をした練りきりで青い紅葉の端が少し色付いている。それから一ヶ月経ち、またお稽古で「竜田」が出た。今度は紅葉が真っ赤に染まっていた。

Yさん、この時に感動した。和菓子職人が自然の山に合わせて、練りきりの色を変えていたのだ。


お茶の先生は八十代のお爺さんで、ある日誘われて余呉《よご》に行くことになった。山深いところに茅葺きの一軒家があり、庭には茶室がある。先生はこの家のお婆さんから釜を譲ってもらうことになっているという。お婆さんは有名な茶人だそうだ。

風流な庭を眺めてから茶室に入る。炉には釜が据えてある。姥口釜《うばぐちがま》だ。釜の口が歯のない老婆のように見えるから姥口釜という。ずっと蔵に納めていたのを、この日のために出してきたらしい。先生は釜を見て、ホクホクと喜んでいる。

「実にいい。見事じゃ」

お婆さんが心を静めてお茶を点《た》てる。先生と二人、和菓子とお茶を美味しく頂いた。先生も「うまいうまい」と喜んでいた。

帰りに重い釜を持つのはYさんの役目。釜を丁寧にバッグに入れて、先生の車まで運ぶ。助手席に座るとそのバッグを膝に乗せた。先生が車を運転する。

「先生、素敵な釜ですね。形も面白いし」

話しかけると、先生も「ああ、実にいい」と相槌をうった。

そして声を潜めるように言う。

「それよりもな……視《み》たか?」

「何がですか?」

しばらく黙ってしまったので、返事を待っていると。

「生首が載っていただろう――釜の上に」

Yさんは驚いた。そんなものが視えるはずがない。

「いえいえいえ。視えませんよ」

「そうか。うまいうまいと茶を飲んでいただろう」

「ええ、お茶は美味しかったです」

「上に載った生首から、ポタリポタリと釜の中に血が落ちていた。その湯で茶を点てるのだから味もちがうだろう」

先生が言うには、元結《もっとい》が切れてザンバラ髪になった老侍の生首が載っているという。なんでも賤ヶ岳の合戦で討死した侍だそうだ。それがどうして釜に載っているのかはわからない。

心なしか、口の中に錆《さ》びた鉄の味がしたような気がした。

膝に乗せているバッグがグッと重くなる。

「姥口釜に爺いの生首か――ハッハッハッハッハッ」

急に狂ったように笑い出した先生にびっくりしたYさんは、押し黙ったまま先生の家に着き、バッグを両手で運んだ。

「茶を飲んでいくか」と言われたが、気持ち悪くなったのでそのまま家に帰った。

一週間後、稽古の日。先生の奥さんから電話があり、先生が倒れたとのこと。稽古は中止になった。心配していると、三日後、息を引き取ったという連絡が入った。

お元気だった先生なのに、最期はあっけなかった。お葬式で先生の顔を見ると、今まで気付かなかったが口元が姥口釜に似ていると思った。

茶道教室は新しい先生が引き継いでくれることになった。

稽古中に話を聞いたところ、釜を譲った余呉のお婆さんは、その数日後に亡くなったらしい。

新しい先生が言った。

「形見分けで、奥さんから姥口釜を頂いたの。今度、あの釜で稽古をしましょう」

Yさんはそれ以降、茶道教室に行くのは一旦休止している。

多賀の毒蛇（多賀町）

昭和五十五年七月二日、多賀《たが》の国道三〇六号線で、バスの運転手が道路の真ん中に横たわっている、まだら模様の生き物を見つけた。

「ツチノコか」

バスから降りて側へ行く。一メートル以上もある大きな蛇だ。腹が異様に太い。ニョロニョロと動いている、その蛇の尻尾を持つと谷川へ放り投げた。

同年七月六日、お爺さんが草刈りをしていたら大きな蛇が一匹、とぐろを巻いていた。シャーッシャーッと音を出して、威嚇《いかく》してくる。

「珍しい蛇だな」と、蛇を踏みつけ鎌で首を切り落とした。これまでに見たことがない蛇だから、死骸を役場へ持っていった。役場から連絡を受けてきた爬虫類研究家の大学教授が鑑定したら――。

「これはラッセルクサリヘビという毒蛇だ。インド、ミャンマー、タイなど熱帯の国に生息していて、日本にはいないはずだが、どうして多賀に？」

ほかにも、付近の山林にコブラがいることがわかった。どちらも猛毒を持つので噛まれたら死に至る。当時、日本にはラッセルクサリヘビとコブラの血清が二本ずつしかなかった。なぜこんな猛毒を持つ蛇が多賀にいたのか。

これは多賀出身の暴力団組員Kがばらまいたのだった。Kはタイから拳銃の密輸を計画したのだが、当時の空港では毒蛇は危険物だというので、金属探知機などは使わず書類審査だけで輸入できた。そこで毒蛇をカモフラージュにして拳銃を密輸。バンコクから大阪空港へ送った木箱の中に入っていたのは、生きている毒蛇が七十余匹と拳銃六十八丁で密輸は成功した。あとは不要になった毒蛇をドライアイスで動かなくなったのを確認して、故郷の山林に捨てた。

K曰く、「毒蛇は死んだと思った」が、蘇生したことで住民はパニックになった。

警察官、機動隊員、消防団、地元住民で大捜索することになり、見つけた蛇は種類を問わずことごとく殺処分された。しかし、後にわかったのは、実際に処分されたのは毒を持たない在来の蛇がほとんどだったそうだ。

冬になると熱帯の毒蛇は冬眠ができず、そのまま死んでしまう。翌年の十月に安全宣言が出された。現場には、投棄されたタイの毒蛇、殺された在来の蛇を供養するために供養塔が建てられた。供養塔は蛇が鎌首を持ち上げているような形をしていて、正面に「日タイへび供養塔」と書かれている。

あたり一帯は、鍾乳洞から湧き出る清流が流れ、石灰岩の渓谷があり、誠に風光明媚なところ。蛇の鱗模様の壁画も作られ、公園として整備された。平成二年に佐目《さめ》トンネルができて、バスの運転手が最初に毒蛇を見つけた国道は旧道となった。その後、土砂崩れが起きたこともあり、現在では誰も訪れる者がいない廃公園となっている。

多賀に住む五十代の女性Rさん。土砂崩れの前、この道をスクーターで走っていた時、大きな蛇が横たわっているのを見た。

ギョッとしてバイクを止め、改めて道路を見るが蛇の姿はどこにもなかった。

あるいは、ヘルメットの上あたりから、シャーシャーと蛇が威嚇するような音が聞こえてくる――地元の方から、こんな話を多数聞いている。

彦根に住む三十代の男性Oさん。七月のとある日曜日、会社の仲間とゴルフに行き、三番ホールでマムシを見かけた。頭の小さな蛇だ。

「マムシだ」と思った。チラッと目が合った気がした。マムシはそのままどこかへと消えた。

そのままコースを回り、ラウンドを終え車で帰る途中のこと。

雨が降り出してきて、ちょうど佐目トンネルに入った。

バンッ!!

トンネルの中程で、フロントガラスに黒い影がぶつかった。Oさんの目の前に現れたのは、ひらがなの「し」の字。

「なんだ？」

フロントガラスにへばりついた黒い影はウネウネと動いていて、前が見えにくい。

「蛇か」

慌ててワイパーを動かした。

黒い影は消えたが、ワイパーが動いた部分が赤く染まった。

トンネルを抜けたところで車を片脇に寄せ停車した。運転席から降りてフロントガラスを確認した。赤く染まっていたのは血のようだった。

トンネルの天井を蛇が這うわけはない。何が落ちてきたのか、さっぱりわからない。

その後は気をつけながら運転して家まで帰ったそうだ。

綿向山の黒い靄（日野町）

長浜に住む三十代女性、Fさん。山登りが好きで、休みのたびに一人で登山をしている。

秋のある日、日野の綿向山《わたむきやま》へ向かった。標高が一一一〇メートルの綿向山へは、車で登山口まで行き、駐車場に停車すると表参道コースを登り始めた。渓流を横目に見ながら歩く、初心者でも登りやすい道だ。三合目でちょっと休憩し、また山頂を目指してモクモクと歩く。五合目には赤い屋根の小屋があり、鐘があったので鳴らしてみた。

カーーーンカーーーン
澄み切ったきれいな音が鳴った。麓まで一望できて、紅葉が美しく秋風が気持ちいい。

再び歩き出そうとすると、上から降りてくる黒い靄《もや》があった。

なんだろうと目を凝らした。

人のような形はしているが、頭や腕や足はない。まるで蚊柱のような、小さな黒い何かが何万と集まって円柱形の集合体になっているようだ。

黒い靄はウネウネと形を変化させながら、山を降りてきている。

しばらく見ていると、下からは六十代ぐらい、男女の登山客が登ってきた。おそらくは夫婦連れだろう。上からウネウネと降りてくる黒い靄が、そのまま進めば夫婦にぶつかる。

しかし夫婦には視えないのか別段気にもしていない様子で、奥さんは周囲の景色を見ながら、にこやかに歩いている。

（危ない。ぶつかってしまう）

咄嗟に鐘をカーンカーンカーンと鳴らした。奥さんがこっちを見る。しかしその甲斐もなく、黒い靄は奥さんの身体を包んでしまったから、姿が見えなくなった。時間にして三秒ぐらいか。

黒い靄が奥さんの体をヴワァーンとすり抜けたように見えた。

ウネウネウネウネと、さらに下りていく。

奥さんは五メートルばかり歩くと、突然胸を押さえて座り込んだ。

Ｆさんはそれを見て、

（体の中に黒い靄が入ったに違いない。鐘の澄み切った音で追い出してやろう）

なぜそんな風に思ったのか、余計なおせっかいでもあるが鐘を連打した。

カーンカーンカーンカーンカーンカーンカーン――

すると、座り込んでいた奥さんがゆっくりゆっくり顔を上げると、

「やかましい」

Fさんを指さしながら怒鳴った。女性の両眼に白目はなく、漆黒の闇のように見えた。

旦那さんは横で、申し訳なさそうな顔をしていたので、Fさんも「ごめんなさい」と頭を下げた。

得体の知れない気味悪い靄を見たからか、胃のあたりがムカムカしてきたので、このまま下山しようかと思ったが、さっきの黒い靄に追いついたら嫌なので、Fさんは上り始めた。

七合目を過ぎると、ブナ林があり、景色が開けて、紅葉がきれいに見えた。

胃のムカムカもいつしか治まった。

頂上に着いた時には、上り始めてから三時間が経っていた。

（ああ、結構しんどかったけど、ここまで登ってよかった）

下山は同じルートだ。八合目あたりで、さきほどの夫婦とすれ違った。また怒鳴られるのも嫌だったので、ビクビクしながら静かに通り過ぎるのを待っていると、奥さんが、満面の笑顔で「こんにちはー」と言ってきた。「こんにちはー」と返すと、旦那さんも笑顔で挨拶する。

二人の後姿をしばらく見ていたが、鐘を鳴らした時、睨《にら》みつけてきた人とは別人のようだった。首を傾げながら、下山した。

駐車場へ着いて車を見ると、一つのタイヤがどういうわけか空気が完全に抜けて、ペチャンコになっていた。タイヤ交換は長年やっていない。

「どうだったかなあ」とスマホでタイヤ交換の仕方を検索し、時間はかかったが、どうにかこうにか交換できた。

「やれやれ」

真っ黒になった自分の手を見て一人笑っていると、駐車場の入り口から中年の女性が何やらわめきながらこちらに走ってくる。

「やかましい。やかましい」

そう叫んでいるのは、あの夫婦の奥さんだ。何事かとFさんが固まっていると、近くまでやってきて、手に持ったビニール袋から何かをつかむと投げつけてくる。

山で採ってきたのだろう、たくさん入った柿だ。

至近距離だったので避けられない。旦那さんも奥さんを止めようとしているが、その手を振り払って次々と投げてくる。奥さんの両眼が真っ黒なのに驚愕した瞬間、熟した柿が顔に当たり、汁が目の中に入った。

目の前がオレンジ色に染まり、視界がグンニャリグンニャリと歪んだ。気持ち悪くなったFさんはその場に倒れ込むと、ウェエエーと吐いた。

どれぐらい時間が経ったのか。

ようやく立ち上がった頃には、あたりが薄暗くなっていた。

あの夫婦はどこにもいない。髪の毛や体が柿でベタベタだ。

闇の中に、何か動く靄が見えたFさんは、慌てて車に乗り込んだ。

家に帰ってから気がついたのだが、服に蟻《あり》がびっしりたかっていた。

視界の隅で蟻が動くたびに、ビクッと体が震えた。蟻は残らず殺した。

翌日の月曜日、会社に行こうと玄関を開けた途端、絶句した。
玄関先に柿が一個、転がっていた。柿には蟻がたかっている――。
Fさん、その日は会社を休んだという。

霊仙山の河童の皿（米原市）

米原に住む七十代の男性、寺田さん。今は米原駅前に住んでいるが、こどもの頃は霊仙山《りょうぜんざん》の麓に住んでいたという。近くにはきれいな川が流れていて、こどもたちは夏休みになると朝から晩まで川遊びをした。大きな石をひっくり返せばカゲロウの幼虫がいて、これを餌にして魚を釣った。毎日、川で過ごすので、みんな真っ黒に日焼けしていた。

霊仙山の山道を登っていくときれいな滝があり、漆ヶ滝《うるしがたき》と呼ばれている。

近所の大人たちは、

「漆ヶ滝は危ねえぞ」

と言っていた。昔、ここで河童を見た人がいるらしい。

現在の漆ヶ滝とは水量が違い、昔は滝壺が深かった。またヒルが大量にいて、不気味なところもあったので、漆ヶ滝では泳がないようにしていた。

漆ヶ滝の周辺は、不思議な形の岩がゴロゴロ転がっている。

そのうちの一つが「河童の皿」と呼ばれていた。岩の上部が平らになっていて、皿のように見える。直径三十センチ、深さは三センチぐらいで、皿の表面は磨いたようにツルツルだった。岩の一部が何かの偶然でこのような形になっていたのだが、寺田さんは初めて見た時、陶器で作ったたんじゃないかと思った。

皿には湧き水が流れ込んでいて、常に清流で満たされている。

こどもたちは喉が渇くと、みんなこの水を飲んでいた。この水がどういうわけか甘いのだ。泳いで釣りをして喉が渇いたら、河童の皿に顔を埋めるようにして、ズズッと水を啜る。

当時、Mという男の子がいた。大柄で力が強く気が短い。気に入らないことがあると、すぐに暴力を振るうガキ大将だ。山には栗の木が生えていて、秋には鈴なりに実をつけるのだが、ちょうど栗の木の下が山道になっているので、こどもたちが歩いていると、Mは上からイガグリを投げつける。困っている様子を見て喜んだりしていた。

ある日のこと。周りのこどもたちが「やめろやめろ」と止めるのも聞かず、ヘラヘラ笑いながらMは、河童の皿に小便をかけだした。

それから河童の皿の水は誰も飲まなくなった。

その晩、Mは全身が真っ赤に腫れ上がり、高熱が出て、ひどく苦しんだという。

寺田さんが後日、様子を見に行くと、Mはまだ熱が下がらず、赤い顔をしてウンウンと唸《うな》っている。発疹が顔だけではなく股間にまで広がっている。

「ごめんなさい。もうしません。もうしません」

夢を見ているのか、誰かに謝っている。

荒い息を吐きながら、皮膚にできたブツブツを爪で掻きむしる。汁がジュルジュルと出て、さらに痒《かゆ》くなる。また掻きむしる。血が流れてひどい有様だ。

「河童の皿の呪いだ」

と寺田さん思ったそうだ。

「今にして思えば、あれは漆にかぶれたんだろう。漆ヶ滝というぐらいだから、漆がようさん（たくさん）あった。小便する時に下半身丸出しにして、そのまま走り回ったんだろう」

一ヶ月程で腫れがひき元の体に戻ったのだが、皮膚にはブツブツの跡が残った。Mも懲《こ》りたのかしばらくは悪さをしなくなった。

それから寺田さんは大人になり、地元で結婚してこどもも生まれた。男の子だ。

寺田さんのこどもの頃から何十年経っても、やはり、こどもたちは夏休みになると川へ行って泳いだり、魚を釣ったりしていた。水量こそ減ったが、清流はそのままだ。

ただ、河童の皿には湧き水も流れ込まなくなり、干上がっていた。

寺田さんは息子に「漆ヶ滝に行ったらいかんぞ」と言い聞かしていた。

ある日、川から帰ってきた寺田さんの息子が、その夜に高熱を出した。食べた物を吐いてはトイレに駆け込み猛烈な下痢で、やがて血便が出る。

寺田さんは息子に「川で何かしたのか」と聞いたが、何もしていないと頑《かたく》なに言う。

医者に連れていくと食中毒で、腸管出血性大腸菌O１５７が検出された。

一時は命も危ないと思われたが、薄皮を剥ぐように徐々によくなっていった。

「実は漆ヶ滝で遊んでいた」

回復した息子はそう言って謝った。

「河童の皿はあったか？」

「どれが河童の皿かわからんけど、皿のような岩はあった」

河童の皿は割れてしまっていた。息子はその皿のような岩に、漆ケ滝の水をバケツで汲んできては流し込んで遊んでいたという。

水に濡れた岩はなぜかすぐにカラカラに乾くのが不思議で、何度もやっていた。

突然、背後に気配を感じて振り返ると、手に木の枝を持った裸のお婆さんが立っていた。白髪で痩せていて、肋骨が異常に浮き出ている。近所では見かけたことのないお婆さんだ。

顔や身体にヒルが何匹もベタリベタリと貼り付いている。ヒルは血を吸ってパンパンに膨れ上がっていた。無言でこちらを見ているので怖くなって、家に駆け戻ってきた。

その夜に体調を崩したのである。

寺田さんは、自分でも馬鹿な質問だと思いながら、

「河童か？」

と聞いた。

「違うと思う。痩せたお婆さんだったし――」

それがなぜ裸で立っていたのか、さっぱりわからない。

息子が中学生になった時、寺田さん一家は町に引っ越した。

それから数年経って、Mが漆ヶ滝の滝壺で浮かんでいるところを発見された。水死だったそうだ。

現在、漆ヶ滝への山道は土砂崩れや倒木等のため、通行止めとなっている。

義経の隠れ岩（高島市）

彦根に住む大学生、T君。春休みに大学の友だち三人と、自転車にテントを積んで、琵琶湖一周をしていた。

昼過ぎに海津大崎《かいづおおさき》キャンプ場に着いて、テントを張った。

ここは料金が安い。そして、琵琶湖に浮かぶ竹生島が見えて眺めもいい。

D君が、

「いいキャンプ場や。さあ、とりあえずビールやな」

と、早速、酒盛りを始めた。

日が落ちてから、D君が夜桜見物に行こうと言い出した。

このあたりは、海津大崎の桜といって、「日本のさくら名所一〇〇選」にも選ばれている桜の名所だ。琵琶湖の沿岸、県道五五七号西浅井マキノ線沿いに、四キロにわたってソメイヨシノが植えられている。約八百本の桜の中には樹齢八十年を超える老桜もある。

「きれいなもんだ」

遊歩道を四人で歩いていたが、先頭を行くD君がいきなり立ち止まった。

「笛の音が聞こえる」

三人は立ち止まり、耳を澄ましたが、

「いや、聞こえんで」

「そうか」

D君は缶ビールを飲み干すと、琵琶湖に向かって投げた。

「おい。あかんで」

注意されても気にもとめない様子で、フラフラと歩き出した。D君が再び立ち止まって言う。

「やっぱり聞こえる」

「何も聞こえへん」

「あっちから」

指を指した場所は、水面から顔を出した大きな岩があった。

「T、聞こえるか」

「聞こえへん」

四人はしばらく琵琶湖を眺めていた。

「アーーー」

D君が大きな声を上げると、立ったまま手足を極限までピーンと真っ直ぐ伸ばし、

「山伏が、山伏が」

と絶叫し始めた。Dの両眼は血走り、痙攣《けいれん》しているのか上下左右に激しく振動している。驚いて駆け寄ると、

「痛い痛い痛い。ギャーーー」

発狂したように叫んで治まらない。

三人はオロオロするばかり。D君の両耳からダラダラッと血が流れ出ている。

「おいD！　D！」

体を揺すったが、筋肉が硬直しているようで立った姿勢のままびくともしない。D君は白目を剥き、口から泡を吐き出して、何も言わなくなった。

T君は恐ろしくなって、その場から走り出した。なにより、人を呼ばないとと思ったのだ。三人は走って走ってキャンプ場へ着くと、

「おい、T、逃げるなや」

「違う、人を呼ばなあかんのとちゃうか」

「このキャンプ場、人がおれへんやん。救急車呼んだ方がいいんと違うか」

「T、見てこいや」

「一人でか。一緒に行こうや」

「俺は嫌や」

もう一人の友達はT君に言った。

「Dが叫びだした時、俺も視えてん。黒い影が岸に上がってるのが視えてん」

「そんなもん視えるかい」

T君が顔をしかめて言ったその時、フラリフラリとD君が歩いて戻ってきた。。顔中が紅に染まった異様な姿。耳に指を突っ込むと、血がダラダラッと出る。その血を手に擦り付け、手のひらで顔を触るから、顔中が自分の血で真っ赤になっている。

三人が声をかけようとすると、何も言わずに自分のテントへ入った。

三人は顔を見合わせて、少し様子を見ることにした。

しばらく、焚《た》き火を囲んで酒を飲んでいたが、D君が出てくる様子もない。三人もテント入って眠った。

翌朝、T君達は起きたが、D君は起きてこない。様子を見てみると、真っ赤な顔でいびきをかいて寝ていた。

T君が体を揺すって起こした。D君はキョトンとしている。

「おはよう」

「……」

「大丈夫か」

「……」

耳に手を当てている。どうやら耳が聞こえにくいようだ。

D君を病院へ連れて行った。調べてもらうと、外耳に傷がついている上、難聴になっていた。どうしてこんな傷が？　と医者も首をひねっていた。

後にT君は、あの琵琶湖に突き出た岩が「義経の隠れ岩」と呼ばれる心霊スポットだと知った。

源頼朝に追われた義経は、弁慶をはじめとした僅《わず》かな家来を従えて、山伏姿で奥州へ落ち延びようと、京都を出て、舟で琵琶湖を渡り、着いたのがこの海津あたりと言われている。

義経一行は石川県の安宅《あたか》の関を通って奥州へ。そして、悲惨な最期を遂げた。

弁慶は「立ち往生」と言って、立ったまま死んだそうだ。

D君が白目を剥いて、口から泡を吐き出している姿は、まるで立ったまま死んでいるようであった。

「彼の聴力は徐々に回復したけど、今でも、常に左右の耳の奥で笛の音が聞こえるようだと言っているよ」

T君はそう言って首をすくめた。

海津大崎キャンプ場は現在、土砂崩れのため閉鎖されている。

廃村の邪鬼（長浜市）

余呉の奥、高時川の源流には、かつて集落があった。今は廃村となっている。

ミエがこどもの頃、山の上に寺があり、その寺に月に一度、両親とお参りに行っていた。

幼いミエは両親の後から、ヨッコイショヨッコイショと石段を登っていく。鬱蒼《うっそう》たる木々に囲まれた寺だ。木と土の匂いがしていて、遠くから滝の音が聞こえてくる。門をくぐると、奥に立派な本堂がある。

頑丈な格子戸の中、五メートルばかり向こうに木造の毘沙門天《びしゃもんてん》が立っている。随分古く、年季の入ったこげ茶色で、両足で邪鬼《じゃき》を踏みつけ、堂々とした姿を見せている。

一方、毘沙門天に踏みつけられている邪鬼は苦悶の表情である。顔を踏まれ口を半開きにして、目玉が今にも飛び出しそうだ。邪鬼の身長はミエと同じくらいに見えた。

「邪鬼がどんなに悪いことをしたのか知らないけれど、可哀想」

ミエは来るたびにそう思っていた。そして邪鬼の顔をジッと見ていると、邪鬼がミエに向かって瞬きをした。

「あっ、今、邪鬼が瞬きした」

びっくりして声を上げると、母は、

「しょうもないこと言わんと、黙って手を合わせなさい」

そう言ってミエを促し、二人で目をつぶって手を合わせる。ソーッと薄目を開けて邪鬼を見るが動かない。当たり前だ。


ある日の夕方近く、ミエは一人でお参りに来た。お堂の前で、いつものように目をつぶって手を合わせる。

すると、いきなり誰かに両手をグッと掴まれた。

エッと驚いて目を開けると、邪鬼が毘沙門天の足下から腕を長く伸ばして、格子戸の隙間から手を出しミエの両手をつかんでいる。

邪鬼は、体をくねらせ、もがき、暴れている。目は血走り、口からよだれを流し、ハアハアと荒い息をしている。

邪鬼がグッと腕を引くと、両手を掴まれたミエの小さな体はドーンと格子戸にぶつかった。物凄い力だ。

邪鬼に掴まれた手首は炎で焼かれているかのように熱くて痛い。

周りの森では、ギャーギャーと、とてつもない数のカラスが鳴きだした。

そして、寺の上空は一斉に羽を広げたカラスで真っ黒になった。

「助けてー！」

ゴーーーン

ミエは寺の鐘でハッと気がついた。本堂の格子戸が倒れている。

奥の方では毘沙門天はいつもと変わらず、邪鬼を踏みつけて静かに立っている。

「痛い」

自分の手首を見ると赤黒く腫れ、皮膚がただれていた。

昭和四十年代に廃村となり、今は寺もない。平成になってから、ミエが寺の跡地を訪れた時、あたり一帯、緑が生い茂っていた。

――ウゥウゥググウウー

どこからかうめき声が聞こえたが、周囲に人影はない。

「邪鬼だ。毘沙門天に踏まれて苦しんでいる邪鬼の声だ」

そう思ったそうだ。

うぐいすの追憶（長浜市）

長浜に住む四十過ぎの男性、ケンジに聞いた話だ。

ケンジが小学生の頃のこと。桜咲く季節で、学校の裏山では盛んに鶯《うぐいす》が鳴いていたという。開けっ放しの窓から、教室に美しい鳴き声が届く。その声を聞いて、クラス全員がマリコを見た。

マリコは長い髪の毛をかき上げてから、右手の小指を口にくわえ、器用に音を出した。

「ホーホケキョ、ケキョケキョケキョ」

「似てるー」と、笑い声が教室溢れた。

鶯の鳴き真似が得意であるマリコは、長浜盆梅展が好きだった。

長浜盆梅展は七十年以上の歴史がある梅の盆栽の展示会で、毎年一月から三月の間、慶雲館で行われる。慶雲館とは実業家、浅見又蔵が建設した明治時代の迎賓館で、庭園は国の名勝に指定されている。

マリコが盆梅展に行った時、庭園で鶯の鳴き真似をしたことがあった。すると、鶯が一羽飛んできて飾られていた盆梅に止まった。周りにいた人々は、突然現れた珍客を静かに見守っていた。やがて鶯が羽ばたき飛び去ると、その場で拍手が沸き起こった。見物客はマリコの鳴き真似に感心し、「梅に鶯」を目の当たりにして、大喜びだった。

そんなマリコが亡くなったのは、小学六年生の春だった。親の車に撥《は》ねられるという無惨な事故で、即死だったそうだ。

ケンジはマリコのことが好きだった。マリコと歩いたあぜ道や二人で漕いだブランコ、一緒に買物に行った平和堂のこと、薄いカルピスが好きだったこと——クラス全員で行ったお葬式で、マリコとの思い出を浮かべるうちに、お経が響く中、ケンジは気を失って倒れた。

気がついた時には、病院のベッドで寝ていた。顔と頭が痛い。顔から派手に床に倒れたらしく、念のため病院に運ばれたのだ。頭はズキズキと脈打つたびに痛むが、おでこを擦りむいた程度ですんだ。手で頭を触ってみると包帯が巻かれていた。

マリコが亡くなって一週間後、ケンジは包帯を取った。鏡で自分の顔を見ると左目の周りに痣《あざ》、おでこにかさぶたができていた。

そういえば、マリコがこんな痣を作って登校したことがあった。

「こけちゃって」

笑ってそう言っていたことを思い出した。

ある月曜日のことだった。ケンジは学校が終わると、家まで三十分の道のりを歩いて帰る。

家に帰ってから気が付いた。

近々、リコーダーの発表会があるから練習をしないといけないのに、リコーダーを持って帰るのを忘れていた。あわてて自転車に乗って学校へ戻ると、生徒はみんな帰ってしまっていて、シーンと静まり返っている。

職員室には電気がついているが、先生の姿も見えない。

リコーダーだけ取ればいいと思い、階段を上って六年生の教室へ向かった。

階段を駆け上がる音が反響して、いつも以上に大きく聞こえる。

タンー、タンー、タンー
わざと大きな音を出して駆け上がり、ガラッと教室の扉を開けた。

「えっ！」

誰もいないと思っていたら、ポツンと誰かが席に座っている。マリコだ。

「びっくりしたー。なんやマリコか」

声に出して違和感を覚えた。

マリコのお葬式に行ったじゃないか。マリコはもうこの世にはいない。

ハッと思って見直すと、マリコの席には花が置かれていて誰も座っていない。

マリコの机の椅子だけが、誰かが座っているかのように椅子が後ろに引かれている。

急に頭がズキズキと痛くなった。顔のかさぶたが痒くなったのでボリボリと掻く。

「リコーダー、忘れてん」

わざと声に出して明るく、マリコの席に向かって言った。

そして、教室の後ろのロッカーからリコーダーをつかむと、そのまま走って教室から出た。階段を一段飛ばしで下りていく。

タンー、タンー、タンー

下りる音が反響する階段で突然――。

「ホーホケキョ、ケキョケキョ。ホーホケキョ、ケキョケキョ」

鶯の鳴き声が聞こえた。

階段を駆け下りる音と鶯の鳴き声が奇妙に混ざり合い、こだまのように響く。

タンー、タンー、ホーホケキョ、ケキョケキョ、タンー、タンー、ホーホケキョ、ケキョケキョ、タスケテー、イタイヨー、クルシイヨー、コロサナイデー

ケンジはあと少し、というところで足を踏み外し転げ落ちた。

「痛ぇ――」

一階の廊下に倒れ込み、頭を抱えた。鶯の鳴き声は聞こえない。シーンとした校内でケンジはゆっくりと座り直した。

廊下に血がついている。鼻血が出ていた。頭が締め付けられるように痛い。体のあちこちが腫れているが骨は折れてないようだ。なぜだかわからないが口の中で薄いカルピ

スの味がした。

「マリコ」

ケンジは静かに泣いた。

それから三十年近く経ったが、ケンジは今でも疑っている。マリコは本当に事故で亡くなったのかと。

そしてあの時、階段で聞いたのは、マリコの断末魔だったんじゃないかと――。

講談　木之本の青いサリーの女

大阪芸術大学の後輩、木之本《きのもと》出身のミキちゃんに聞いたお話。

その頃、彼女は高校生。芸大に行きたいと思うようになりましたが、本格的なデッサンはやったことがない。京都まで行けば美術の予備校はあったが、毎日通うとなると大変だ。そこで学校に相談すると、美術の先生が放課後、デッサンを教えてくれることになりました。

美術の先生は年配の男性で戸倉先生。ところが、誰も戸倉先生とは呼ばない。

「ドクロ、ドクロ」

と呼んでいる。戸倉先生、目が大きく、痩せていて頬がコケている。まるでドクロのよう。また、いつも美術室で人間の頭蓋骨、シャレコウベの絵を描いている。風景とシャレコウベを組み合わせた不思議な絵。伊吹山《いぶきやま》とシャレコウベとか、余呉湖とシャレコウべとか、竹生島とシャレコウベとか。

美術室にあるシャレコウベは非常にリアルにできている。ミキちゃんは、本物のドクロを見たことはなかったが、本物そっくりだと思った。

戸倉先生はこの頭蓋骨を優しく抱きながら、

「これが人間の真《まこと》の姿だよ」

と言うのが口癖。

この学校に有名な怪談がありまして、青色のサリーを着た女性の幽霊が現れるという。

サリーはインド人の女性がよく身に着けている民族衣装です。ミキちゃんの通う高校にインドからの留学生なんていませんから、サリーを着た女性がいるはずはない。

しかし、先輩たちから、たびたび聞かされている。嘘か本当かわかりませんが、青色のサリーを着た幽霊を見ると心臓が凍りついて全身真っ青になる。あるいは、口から青い血を吐いて死ぬとか。そんな噂があった。

で、サリーを着た女性の幽霊はすぐに姿を消すのですが、そこにはかすかにスパイスの香りが残っているそうです。どうしてそんな幽霊が現れるのか、全くわからない。

受験が近づいてきた冬のある日。ミキちゃんが放課後、美術室に行くと、やっぱり戸倉先生がいて、ドクロの絵を描いている。窓の外は雪景色。ストーブの上にやかんが乗っていて、シュンシュンシュンシュン、湯気を出している。ミキちゃんは先生に挨拶をして、イーゼルの前に座ると、シャッシャッシャッ、シャッシャッシャッ。無心で鉛筆を動かしている。

「先生、トイレに行ってきます」

廊下へ出た。寒い。体がブルッと震えた。用を足して手を洗う。鏡を見ながらハンカチで手を拭いていると、フッとスパイスの香りがした。

「どうして？」

首をかしげながらトイレのドアを開けると、目の前の廊下をスーッと青色のサリーを着た女性が通り過ぎた。横顔がはっきりと見えた。日本人の顔つきじゃない。映画で見たインド人の女性にそっくりだ。どういうわけか寂しそうな表情。キャッと驚いた。

（これが噂の幽霊なの？　幽霊を見たあたしはどうなるの？　青い血を吐いて死んでしまうの？　体が動かない）

どれぐらい時間が経ったのか。ハッと我に返ってあたりを見回す。女性の姿はない。かすかにスパイスの香りが残っている。慌てて美術室に戻って、

「先生。幽霊を見ました。サリーを着た女性の幽霊」

「どこで」

「そこの廊下で」

先生は椅子から立ち上がると廊下へ飛び出した。

「もういませんよ」

後ろから声をかけたがそのまま行ってしまった。しばらくして、肩を落として戻ってきた戸倉先生。

「幽霊はどんな姿だった？」

「すごくきれいで寂しそうでした」

「そうか。私はこの学校に長年勤めているが、まだ一度もサリーを着た幽霊を見たことがないんだよ」

「いいじゃないですか。あたしは見てしまいましたよ。先生、あたしは死にますか」

「死ぬよ」

「えっ」

「人間はいつか死ぬ。でもね、サリーを着た幽霊を見て亡くなった生徒はまだ一人もいない。よし、チャイを作ろう。これを飲めば落ち着くよ」

先生、絵を描くのを止めてしまって、ストーブの上で熱々のチャイを作ってくれた。

ミキちゃんは生まれて初めてチャイを飲んだ。

「先生、美味しいです」

「うん」

「この香り、さっきの幽霊の香りと似ているような」

「そうか。……デッサン、うまくなったな。芸大、きっと受かるよ」

「ありがとうございます」

ミキちゃんはそれから数日間、青い血を吐いて死ぬんじゃないかと怯えて過ごしましたが、何事も起こらなかった。大学受験も、先生の言葉通り合格。高校を卒業して大学の側で一人暮らし。五月の連休に久しぶりに実家へ帰ってきました。

「そうだ。高校へ顔を出して、戸倉先生と話をしよう」

高校へ行きますと、戸倉先生は三月末で教員を辞めたという。そんな話は聞いていない。不思議に思いました。

大学生になってからアルバイトを始めた。三回生になるとお金が随分貯まった。

夏休み、このお金で旅に出ることにした。行き先はインド。戸倉先生に作って貰ったチャイが美味しかった。本場のチャイを飲んでみたい。一ヶ月以上の一人旅。不安もいっぱいだけれども、それよりも好奇心のほうが強かった。

デリー、ジャイプル、アーグラ、ブッダガヤ、コルカタ、リシケシ。スパイスと土ぼこりにまみれながら、あちらこちらで絵を描いた。特に気に入ったのがバラナシ。混沌としてエネルギーに溢れている。

「これが人間の真の姿だよ」

戸倉先生の口癖が思わず口から出た。

バラナシのカフェでチャイを飲んでいると、バッタリ出会ったのが戸倉先生。

「先生、先生。ミキです。覚えてますか」

「ああ、覚えているよ」

聞くと、教員を辞めて日本を飛び出し、インドに移住しここで絵を描いて暮らしているという。

「先生、あのドクロ。まだ描いているんですか？」

「妻は、ガンジス川に流したよ」

「えっ？」

話を聞くと、先生も若い頃インドに一人旅。バラナシでチャイ屋の娘と出会って恋をした。二人は夢中になって結婚の約束をした。家族も親類も祝福してくれた。盛大な結婚式を挙げたその直後、彼女は事故で亡くなってしまった。戸倉先生の悲しみは深かった。

インドでは人が亡くなると、死骸を薪で燃やし骨をガンジス川に流すんです。妻と離れがたい。悪いこととは知りながら、シャレコウベをこっそり、悲しみと共に日本に持ち帰った。そして、いつも手元に置いて絵に描いていた。

「彼女も日本に来て喜んでいると思っていたが、インドにきてやっと気づいた。ガンジス川に流してほしかったんだ。だから幽霊になって寂しそうにしていたんだ。申し訳ないことをした。日本で、妻の幽霊とは一度も会えなかったが、ガンジス川に妻を流した後、初めて夢枕に立ってくれた。少しだけ言葉を交わすことができたよ。いずれ私も骨となり、妻と同じようにガンジス川に流して貰うつもりだ」

ガンジス川に沈む夕陽を眺めながら、そんな話をしたそうです。

それから十数年経った頃でしょうか。木之本で久しぶりにミキちゃんに会いまして、

サラダパンを食べながら近況報告などをしておりますと、彼女が、

「そうそう。ずっと前に話をした高校の美術の先生、戸倉先生、インドで逮捕されまして」

なんでも、戸倉先生の自宅から多数の頭蓋骨が発見されて、警察が鑑定すると、どれも若い女性の頭蓋骨だったそうで。どうやら女性を殺害してその首を切り落とし、シャレコウベにして絵に描いていたようです。

ドクロばかり描いていたから、ドクロに魅入られてしまったのか。戸倉先生は獄中で何も語らず亡くなったそうです。ひょっとするとインド人の奥さんが事故で亡くなったというのも、戸倉先生が殺めたのか、今となってはわかりません。

そんなことがあったからか、ミキちゃんは今でもスパイスの匂いをかぐと吐き気がするそうです。

講談　村正の鎌

昭和の終わり頃、滋賀の農業高校に通っていたのがマキ。ショートカットの可愛らしい女の子。実家は農家です。農家と言っても、先祖から続く大地主。父親は実業家でして、広大な農地で有機野菜を作り、全国の百貨店や高級デパートに出荷している。

マキは高校を卒業すると、農業大学に進学して、やがて父親と一緒に美味しい野菜を作りたいという夢を持っています。

今日は学校で農作業。家から持ってきた鎌で草刈り。

この鎌は、亡くなった曾祖父が言うには村正の鎌。その昔、村正という刀鍛冶がいて、数多くの名刀をこしらえた。

ところが、どういう訳か村正の刀は祟るそうで。曾祖父の手元にやってきた村正の短刀。言い伝えによると、この短刀は多くの人を命を奪ったという。

短刀のままにしておくのは何か差し障りがあったのか、これを鎌に作り変えて村正の鎌。刃は二十二センチ程。ギラギラとして眩《まばゆ》いばかり。黒々とした柄は三十一センチ。

この鎌で草刈りをしていると、鶏小屋でワッという騒ぎ。見れば、鶏が逃げ惑っている。その後ろでカッターナイフを手にニヤニヤ笑っているのが、学校で一番悪い女。名前をミドリという。

長い髪で鼻筋の通ったなかなかの美人だが、こいつは悪い。女番長。子分を大勢従えて、好き放題やっている。先生も手のつけようがない。

ミドリは鶏を捕まえて、その首をカッターナイフでスパーッと切る。

血がプシューと吹き出る。鶏をそこら辺に放り投げると、首のない鶏が五、六歩。血を撒き散らしながら歩いてバタッと倒れる。

ミドリはこの有様をニヤニヤ笑いながら見ております。マキはゾーッと寒気がした。

このミドリ、子分を作る時に妙な儀式を行う。自分の手首をカッターナイフでスパッと切る。血がタラッと流れる。

「さあ、あたしの血を飲んで子分になりな」

自分の血液を飲ませるという。

手首には数十本の切り傷がある。

ミドリがマキに目をつけた。可愛い。頭もいい。クラスの人気者。ところが、マキは決して子分にならない。嫌がって血を飲まない。

「覚えておけよ」

体育の時間。マキが体操服に着替えようとすると、体操服がカッターで切り刻まれている。先生に話をし、体操服を借りる。運動場から帰ってくると、今度は制服が切り刻まれている。

お昼ご飯。弁当箱の蓋を開けると、グチャグチャに潰された蛙の死骸が入っている。

下駄箱の中から靴を取り出すと、靴の中には血まみれの髪の毛がぎっしり入っている。

執拗《しつよう》に続くいじめ。マキの瞳から光が消えた。

「マキ、いい加減にあたしの血を飲みな」

「いやっ、いやっ」

「それじゃあこうしてやろう。……お前たち、押さえておけよ」

ミドリは自分のスカートに手を入れると、下着の中からズルズルッと取り出したのが、血がべっとりとついた生理用品。これをマキの口の中に突っ込んだ。

「ギャーー」

顔が真っ赤に腫れ上がり呼吸困難。大変だ。救急車で呼んで病院へ。入院する。

ベッドの傍に座った母親が、

「マキちゃん、さあ、ご飯をお食べ」

「いらない。口の中で、ずっと血の味がする」

「もう学校に、行かなくていいから」

「いや、来週は行く。稲刈りだから。半年かけて育てたお米の収穫だから」

一週間、学校を休んでおりましたが、稲刈りの日。村正の鎌を持って、学校の田んぼへ向かう。合鴨農法で育てた近江米。お米の収穫と同時に鴨肉も出荷できる。

マキが田んぼの前に立った。金色の稲穂が真っ赤に染まって血だらけだ。鴨は無残に殺され、血しぶきが飛び散っている。

稲はなぎ倒され、踏み潰されている。マキは全身から力が抜け、ヘナヘナヘナとその場へへたりこんだ。うつむいて涙を流している。

二階の教室からこの様子をヘラヘラ笑いながら見ているミドリ。

どれぐらい時間が経ったのか。

鎌が空中をスーッと動いた。マキは鎌に引っ張られるようにして立ち上がる。

鎌は校舎へ向かって移動する。それを持っているマキは、まるで宙を浮いているようにフワリフワリと移動する。校舎へ入って階段を上がる。ミドリのいる教室へ。

ミドリが、

「マキ、あたしの子分になりな」

マキは何も答えない。目を瞑《つむ》っている。途端、鎌がシャッーと動いた。

ミドリを切ったんじゃない。マキの首へグサーッ。ガッガッガッガ。ズバーーーッ。

マキの首がドサッと落ちる。飛び散る鮮血。プシャァァァ、プシャー、プシャー、プシャー、プシャァァァ。

鎌は手から滑り落ちる。

首のないマキが前へ。一歩、二歩、三歩、四歩、五歩、ミドリの体をグッと捕まえる。

そのままの勢いで向こうへドサーッと倒れ込んだ。

人間の体内には約五リットルの血液があるそうで。バケツ一杯分。これをミドリの顔にぶちまけたもんですから、

「ウワァァァ。ペッペッペッ、グボグボグボッゴボッ」

喉や気管に血液が流れ込んで呼吸困難。しばらくもがいておりましたが、マキの体が岩のように重く、動かそうと思っても動かない。遂に絶命致しました。

苦しみながら死んで行くミドリの姿を、床に落ちたマキの生首がジッと見ていた。この様子を見ていたクラスメイトは次々と気を失って、バタバタバタと倒れていく。

さあ、救急車がやってくる。警察がやってくる。大変な騒ぎ。

警察官が凶器となりました鎌を調べようと、あちらこちら探し回りましたがどういう訳か見つかりません。

それから三十年以上経ちました現在でも、村正の鎌がどこへ消えたかはわかっていない。

あとがきの前に

昭和四十八年。私の父は兵庫県宝塚市に住んでいた。一家四人。妻とこどもが二人。長男と生まれたての次男坊。この次男坊が後の旭堂南湖になるわけだが。

父は中卒で活版印刷工として働きながら、夜間の高校へ通っていた。数度転職をして母と出会う。母との出会いは合ハイ。合コンではなく合ハイ。合ハイとは合同ハイキングの略だそうだ。

そして、次男坊が生まれた時は三十二歳。ダイハツの西宮工場に勤めていた。ダイハツでは当時爆発的に売れていたミゼットの加工を担当していた。

そんな頃、ダイハツの滋賀（竜王）工場が完成した。父は考えた。自然豊かな滋賀県に庭付きの一軒家を建てて、こどもを育てたい。

昭和四十九年。西宮工場から竜王工場へ転勤することになった。父は滋賀県甲賀市甲南町に念願だった庭付きの一軒家を建てた。ガレージにはもちろんダイハツの車。

広い庭はなだらかな斜面になっている。斜面の下に田んぼがあり、溜池があり、用水路がある。その先には、竹林が見え、神社の森が見え、山が見えた。朝はキジバトの鳴き声、お寺の鐘の音。遠くの線路からは一時間に二本、電車が走る音が聞こえた。

私はそんな家で育った。戸籍上は兵庫県出身だが、一歳の時に滋賀県に引っ越してきたので、記憶にあるのは滋賀県のことばかり。私自身、出身地を尋ねられると、滋賀県出身と答えている。

父が亡くなったのは公立甲賀病院。七十二歳だった。ダイハツを定年退職した後、公民館の館長を勤めたり、ボランティア活動をしていた。闘病中の父に、

「どこか行きたいところはあるか？」と聞くと、

「もう一度、富士山に登りたい」と答えた。

父は登山が好きだった。会社には登山仲間のグループがあり、私がこどもの頃、毎年春休み、夏休みには、父の登山仲間十数人とキャンプへ行って、テントで寝泊まりをして、山登りをしていた。

私が五歳の時、父や登山仲間と共に富士山に登っている。今も昔もそうだが、五合目までは車やバスで行くことができる。五合目にはお店も一杯あり、非常に賑やか。父とともに一歩一歩、登っていく。こどもだから身が軽い。スイスイと登っていく。六合目、七合目、八合目までできた。空気が薄い。しんどい。

「もう歩けへん」とへたばった。父が「根性やで」といった。

父は昭和十六年生まれ。昭和のころは、「根性」という言葉をよく使った。

私は「根性ないねん」

「それでも根性やで」

「もう一歩も歩けん」

そのまま眠ってしまった。目を覚ますと富士山頂に立っていた。父が八合目から眠っている次男坊をおぶって登ったのだ。

五歳のこども、二十キロぐらいあるから、相当重い。おぶって登るのは大変だ。父は確かに根性があった。

ご来光を待つ間、山頂ではビュービューと冷たい風が吹いている。頭上には星がきらめき、眼前には雲海が広がっている。まるで綿菓子のよう。時が経つにつれて、空がうっすら明るくなってくる。雲海の遥か彼方に小さな白い光が見えたかと思うと、真っ赤な太陽が八方に光を放ちながら顔を出した。雲海が朝日を浴びて七色に染まる。これを眺めていた大勢の人々が、

「ワーーーッ」と歓声を上げた。あちらこちらから、

「ばんざーい。ばんざーい」と声が聞こえる。拍手が沸き起こる。

私は富士山に登っている途中、あまりのしんどさに山登りが大嫌いになったが、この景色は山頂じゃないと見ることができない。登ってよかった。この景色を見たことは、私の人生の宝物だ。

帰りは砂走りといって滑るように下山する。麓の温泉に浸かる。源泉かけ流しの露天風

呂。露天風呂から富士山が見える。

銭湯に行くと壁に富士山の絵が描いてあるが、これは絵ではない。実物の富士山が見える。

「あの山に登ったのか。さっきまで、あの頂上に立っていたのか」

感慨深いものがあった。それから時が流れ、闘病中の父が、

「もう一度、富士山に登りたい」と言った。

「父さんの代わりに、私が登ってくる」と言えば孝行息子なのだが、私は山登りをしなくなって十数年。普段から運動はしていない。体力もない。

「そうか。富士山か」と呟いたのが、父との最後の会話となった。

父が亡くなり七回忌も過ぎた。月日だけが流れていく。胸の奥に棘が刺さっているような感覚。私はもう一度、富士山に登ってみようと思った。父の最期の夢であり、私自身も自分の足では八合目までしか登っていないのが、心残りになっていた。

一念発起して、富士山に登ることに決めた。五合目までバスで行って、そこから登り始める。八合目まではなんとか登ってこれた。しかし、ここからがきつい。一歩も歩くことができない。泣きたくなった。

「ああ、もう一歩も歩けんわ」

私は八合目でへたばった。すると後ろから、

「根性やで」父の声が聞こえた。

「エッ」と驚いて振り返ってみたが誰もいない。風の音が聞こえるばかり。そらそうだ。父は亡くなっている。

この瞬間、胸がジワーッと温かくなった。これは何か。私が五歳のとき、父親におぶわれて頂上まで登った。そのとき感じた父の背中のぬくもりを突然思い出したのだ。私は、「根性やなあ」と言いながら立ち上がると、足を一歩前に出した。また一歩。また一歩。どういうわけか歩くのが少し楽になっている。父が背中を押してくれてくれているのだ。一歩ずつ歩き続けて、富士山の頂上に立った。五歳のときに見たあの風景。目の前に同じ景色が広がっていて誠に美しい。

私は空に向かって、

「ありがとう」と呟いた。

あとがき

水口東高校を卒業するまで、滋賀に住んでいました。当時は田舎でなんにもないところと思っていましたが、外へ出てから滋賀の魅力に気がつきました。自然豊かで、歴史があり、何と言っても人々が優しい。

令和三年度「滋賀県文化奨励賞」を受賞してから、滋賀でもっと活動したい、地元に恩返しがしたいと考えていました。

そんな中、ご当地怪談本を出版する機会を頂き、とても有難く思っています。滋賀は観光客が通過する県、日本一だそうです。本書を読んで滋賀を訪れる方が一人でも増えることを願っています。

最後になりましたが、体験談を聞かせて下さいました皆様、竹書房の皆様、編集で大変お世話になりました中西如様、「感想を聞かせてほしい」と怪談を送りつけても、嫌な顔一つせず感想を言ってくれる旭堂一海様、根来麻子様、資料集めを手伝ってくれた兄、皆様のお陰で本書が完成致しました。有難うございました。

滋賀県の実家にて　旭堂南湖

参考文献

『湖東町のむかし話』湖東町教育委員会 編／『昔ばなし：愛東町』愛東町教育委員会 編／『能登川のむかし話』能登川町教育委員会 編／『長浜の伝承』長浜市教育委員会 編／『守山往来』守山市教育委員会 編／『民話こうなん』甲南町教育委員会 編／『栗東の民話』栗東町教育委員会 編／『こうらの民話』甲良町教育委員会 編／『マキノのむかしばなし』マキノ町教育委員会 編／『石部の伝承』石部町教育委員会 編／『安曇川町昔ばなし』安曇川町教育委員会 編／『湖東町のむかし話』湖東町教育委員会 編／『高月町のむかし話』高月町教育委員会 編／『豊郷の昔ばなし』豊郷町教育委員会 編 以上全て（ふるさと近江伝承文化叢書）サンブライト出版
『土葬の村』（講談社現代新書）高橋繁行 著　講談社
『近江の土葬・野辺送り』（淡海文庫）高橋繁行 著　サンライズ出版
『びわ湖毎日マラソン大会50年史』毎日新聞社 編　毎日新聞社
『埋木舎と井伊直弼』（淡海文庫）大久保治男 著　サンライズ出版
『近江カルスト 花の道』川崎健史 編著　サンブライト出版
『多賀町史 上・下』多賀町史編さん委員会 編　多賀町
『地図から消えた村 琵琶湖源流七集落の記憶と記録』吉田一郎 写真・文　湖北アーカイブ研究所
『現代語訳　怪談「諸国百物語」』志村有弘 著　河出書房新社
『奇談異聞辞典』（ちくま学芸文庫）柴田宵曲 編　筑摩書房

★読者アンケートのお願い

本書のご感想をお寄せください。アンケートをお寄せいただきました方から抽選で10名様に図書カードを差し上げます。
（締切：2023年4月30日まで）

応募フォームはこちら

滋賀怪談　近江奇譚

2023年4月5日　初版第1刷発行

著者……………………………………………………………………旭堂南湖
デザイン・DTP　…………………………………………荻窪裕司（design clopper）
企画・編集　……………………………………………………………Studio DARA

発行人……………………………………………………………………後藤明信
発行所………………………………………………………………株式会社 竹書房
〒102-0075　東京都千代田区三番町８－１　三番町東急ビル６F
email：info@takeshobo.co.jp
http：//www.takeshobo.co.jp
印刷所……………………………………………………………中央精版印刷株式会社

■本書掲載の写真、イラスト、記事の無断転載を禁じます。
■落丁・乱丁があった場合は、furyo@takeshobo.co.jp までメールにてお問い合わせください。
■本書は品質保持のため、予告なく変更や訂正を加える場合があります。
■定価はカバーに表示してあります。
©Nanko Kyokudo 2023
Printed in Japan